Annelore und Susanne Bruns

WERKBUCH BIOGARTEN

Anleitung zum handwerklichen Arbeiten in Bildern

ökobuch
Staufen bei Freiburg
www.oekobuch.de

Alle Angaben in diesem Buch wurden nach bestem Wissen und Gewissen zusammengestellt. Für die praktische Umsetzung lassen sich daraus jedoch keine Haftungsansprüche gegenüber den Autorinnen oder dem Verlag ableiten.

Die Deutsche Bibliothek - CIP-Einheitsaufnahme

Ein Titeldatensatz für diese Publikation ist bei Der Deutschen Bibliothek erhältlich.

ISBN 3-936896-07-0

1. Auflage 2004

Druck: Druckhaus Beltz, Hemsbach

Inhaltsverzeichnis

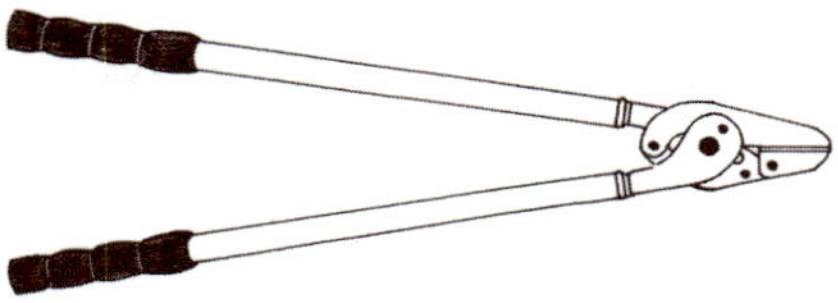

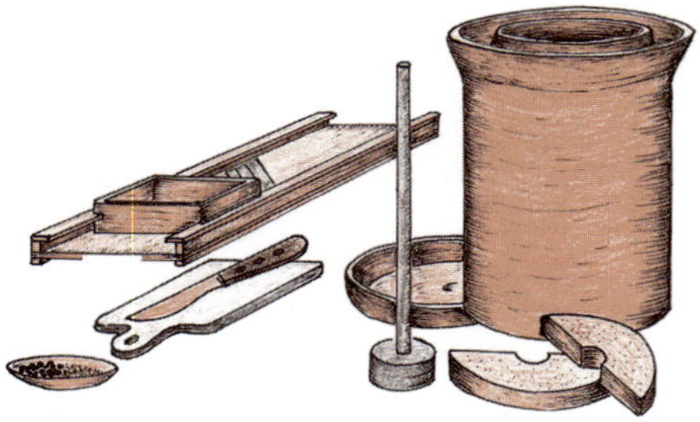

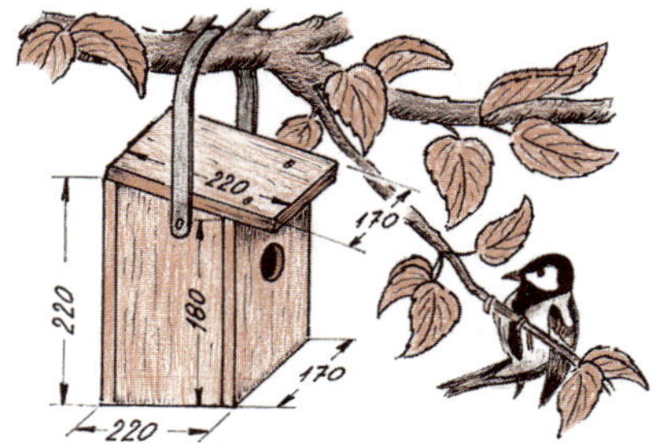
220
170
220
180
170
220

1. Gartenplanung und Landbearbeitung

Bei der Planung des Gartens ist als erstes zu bedenken, welche Ansprüche an ihn gestellt werden. Wie viel Platz braucht z.B. der Wohnteil mit Spielrasen, Sitzfläche, Stauden, Blumen und Kinderspielplatz? Ist ein Stück Naturgarten, der dem Schutz vieler Tiere dient, mit Teich, Hecke und Naturwiese erwünscht?
In welchem Maße soll der Garten die Familie mit Obst und Gemüse versorgen? Hier gilt es, den Bedarf an Kräutern, Gemüse und Obst mit dem vorhandenen Platz und der zur Verfügung stehenden Arbeitszeit in ein realistisches Verhältnis zu bringen. Denn wer nur am Wochenende und nach Feierabend Zeit für Gartenarbeit übrig hat, kann keine volle Selbstversorgung betreiben.
Übrigens: Zur vollständigen Selbstversorgung mit Gemüse und Obst wird für den täglichen Verzehr pro Person und Jahr 80 m² Gemüse- und Kräuter und ca. 100 m² Obstanbaufläche benötigt, davon 40 m² für Beerenobst.

Wer auch seine Kartoffeln selbst anbauen will, benötigt außerdem je nach Verbrauch noch einmal 50 – 100 m².
Obstbäume: Ausgewachsene Obstbäume brauchen viel Platz. Für Apfel- oder Birne als Hochstamm sollte eine Fläche von 9x9 m vorgesehen werden, für Süßkirsche (Hochstamm) 8 x 8 m, für Pflaume (Mittelstamm) 9 x 7 m und für Birne, Apfel und Sauerkirsche (als Busch) 5 x 6 m, um nur einige Baumarten zu nennen.

Bei der Gartenplanung ist auch zu überlegen, in welchem Maße der jeweilige Standort besonnt sein sollte. Kinderspielplätze benötigen eher schattige Ecken im Garten, Kräuter und Gemüse hingegen einen sonnigen Standort. Gewächshäuser brauchen im Frühjahr viel Sonne, Frühbeete das ganze Jahr hindurch, also beim Bau auf den richtigen Standort achten. Der Kompost sollte im Halbschatten liegen.

Es ist hilfreich, wenn zu allen Bereichen etwa 80 cm breite Wege führen, die sich auch mit Schubkarren befahren lassen. Auch zwischen den Gemüsebeeten erleichtern Plattenwege von 25 - 30 cm Breite die Gartenarbeit beträchtlich. Ziegel- oder Natursteine als Belag sind zudem auch schön anzusehen. Rein praktisch gesehen genügen jedoch einfache glatte Betonplatten zum Einfassen der Beete. Es ist sinnvoll, die Hauptwege sorgfältig anzulegen, so dass sie auch im Winter problemlos mit der Schubkarre befahrbar sind.

Wegebau

Das Angebot an Platten, in Formen und Maßen, ist sehr reichhaltig. Am schönsten sind Natursteine oder gebrannte Ziegel. Waschbetonplatten im Gartenbereich sind nicht sehr sinnvoll, denn sie verschmutzen rasch und lassen sich nur mühsam reinigen.
Liegt der Verlauf der Wege fest, wird zunächst das Wegebett ausgehoben. Auf den Hauptwegen werden senkrechte Randsteine gesetzt, damit die Platten nicht mit der Zeit seitlich wegrutschen. Die Dicke der Randsteine ist beim Aushub zu berücksichtigen. Bei schweren Böden ist es besser, unter dem Feinsplitt noch eine 15 cm dicke Schicht groben Split oder Schotter einzubringen. Schon beim Ausheben sollte das spätere Gefälle berücksichtigt werden (siehe unten). Statt feinem Splitt kann auch Sand zum Verlegen des Pflasters benutzt werden. Dieser hat aber den Nachteil, dass Wildkräuter hier leicht Wurzeln fassen und Ameisen den Sand nach oben tragen.

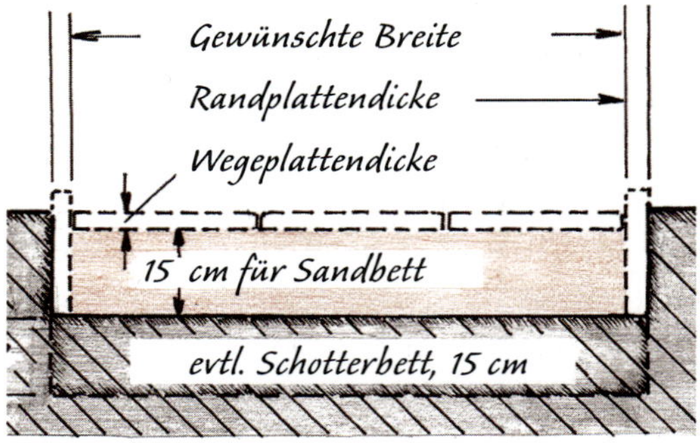

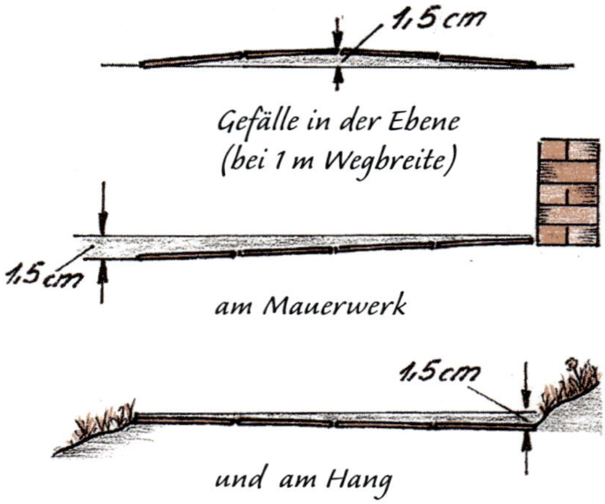

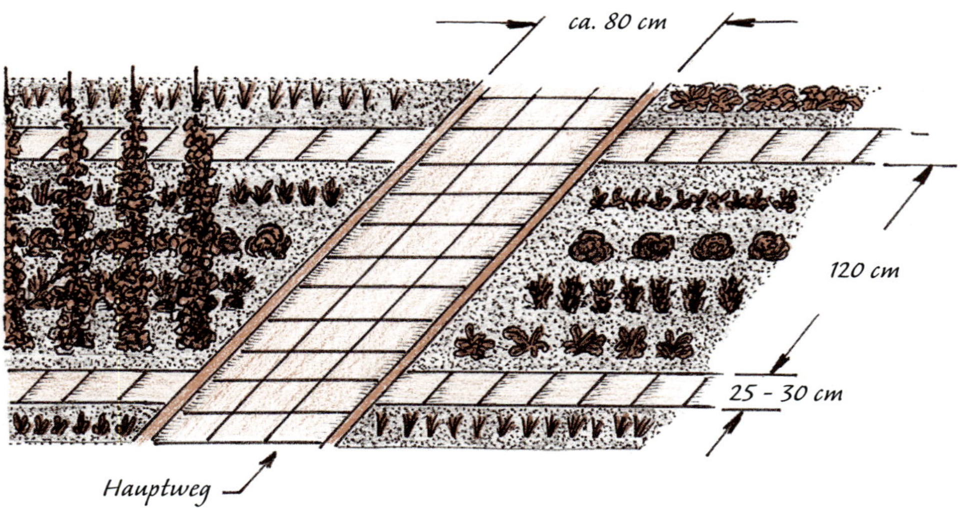

Damit Regenwasser gut abfließen kann, werden Hauptwege mit einem leichten Gefälle von 1,5% (1,5 cm Höhenunterschied auf 1 m Wegbreite) angelegt, verteilt in der Ebene zu beiden Seiten. Bei Gebäuden und an Mauern wird Wasser immer vom Bauwerk weggeleitet. An Hängen legt man das Gefälle zum Hang hin.

Das ausgehobene Wegebett wird nun Schicht um Schicht mit den Füllmaterialien gefüllt, festgestampft und anschließend die oberste Schicht mit einem Brett abgezogen. Ab und zu sollte mit der Wasserwaage geprüft werden, ob die Steine richtig liegen und ob ausreichend Gefälle vorhanden ist. Die Laufwege zwischen den Gemüsebeeten erhalten ein Bett von nur 5 cm Dicke, Randsteine sind nicht notwendig.

Das so vorbereitete Bett kann jetzt mit Platten belegt werden. Die Randsteine werden je nach Geschmack bündig oder auch überstehend gesetzt. Die Oberfläche der obersten Schicht wird etwa einen Zentimeter tief gelockert, damit die Steine gut liegen. Beim Festklopfen zwischen Stein und Hammer immer ein Schlagholz legen, also nicht direkt auf den Stein schlagen, er könnte zerspringen.

Mit der Vielzahl der angebotenen Steine lassen sich sehr unterschiedliche Muster gestalten.

Sind die Platten verlegt, werden die Fugen eingeschlämmt. Dazu wird Feinsplitt oder Sand auf dem Belag aufgebracht und mit Hilfe von Wasser in die Fugen geschlämmt. Ist alles wieder trocken und sind die Fugen gut gefüllt, können die Reste einfach weggefegt werden.

Durch Frost hochgedrückte Platten bei einem Weg ohne Sandbett

Das ausgehobene Wegebett mit Sand füllen ...

... feststampfen ...

... gestampfte Sandfläche mit einem Brett abziehen.

Beim Festklopfen des Belags immer zwischen Stein und Hammer ein Schlagholz legen. Niemals direkt auf den nackten Stein schlagen. Er würde sonst zerspringen.

Schlagholz

Sandfläche etwa 1 cm tief leicht lockern, Stein auflegen, zurechtrücken und anklopfen. Immer wieder mit der Wasserwaage kontrollieren.

Aus der Vielzahl der angebotenen Steine lassen sich die unterschiedlichsten Muster gestalten.

Einige Beispiele für Ziegelsteinmuster

Bodenprobe

Um falsches oder zu reichliches Düngen zu vermeiden, ist es empfehlenswert, den Gartenboden auf seinen Nährstoffgehalt untersuchen zu lassen . Dazu wird an verschiedenen Stellen des zu untersuchenden Gartenbereiches Erde entnommen und miteinander vermischt. Nutz- und Ziergarten werden dabei getrennt behandelt, ebenso wird für Obstbau und Spargelanbau auch der Unterboden in der Tiefe von 20 bis 40 cm getrennt untersucht.

Die Probe kann so entnommen werden, wie in der Anleitung abgebildet ist (für Gartenkolonien oder -vereine lohnt es sich, spezielle Bohrstöcke zu verwenden, die bei den Untersuchungsanstalten erhältlich sind).

Zur Untersuchung wird die Probe entweder an die in jedem Bundesland ansässigen Landwirtschaftlichen Untersuchungsanstalten (LUFA) geschickt oder an private Labore (Adressen im Anhang).

10 verschiedene Stellen im Garten zur Bodenentnahme bestimmen.

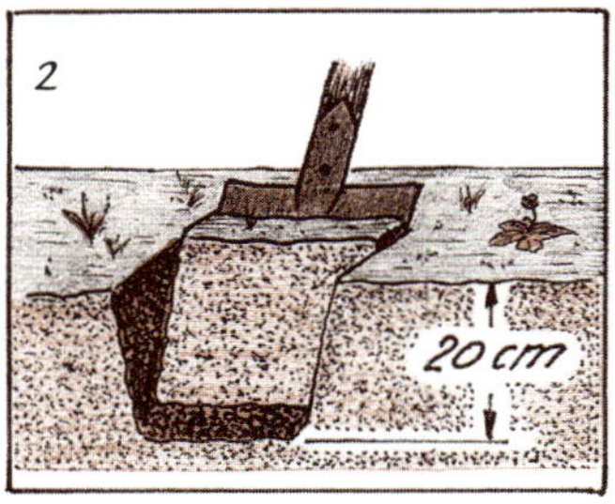

Mit dem Spaten 20 cm tief in die Erde stechen und eine Erdscholle herausnehmen.

Mit dem Löffel über die gesamte Länge des Spatenblattes eine Erdprobe abstreifen ...

... und in einen Eimer füllen. Alle 10 Proben müssen gut untereinander verrührt werden.

Von dem Gemisch 200 - 500 g in einen Gefrierbeutel o.ä. einfüllen.

Versandfertig machen. Begleitschreiben über Mängel an Pflanzen beifügen.

Landbearbeitung

Mit dem Sauzahn wird das Beet gelockert

Arbeiten mit der Grabegabel

Mit der Harke die Erde fein verteilen

Ist der Boden im Frühjahr abgetrocknet, kann er zum Bearbeiten betreten werden. Das ist auf sandigen und humushaltigen Böden zeitiger der Fall als auf lehmigen und tonigen.
Wurde das Land über Winter abgedeckt, werden zuerst die Reste des Abdeckmaterials mit einem Rechen abgeharkt.
Danach das Beet mit dem Sauzahn in diagonaler Richtung von Kante zu Kante durchziehen und auf diese Art lockern. In schweren und unabgedeckten Böden mag dies nicht durchführbar sein, dann empfiehlt sich, zum Lockern die Grabegabel zu benutzen. Dazu sticht man die Gabel jeweils im Abstand von 10 cm in den Boden und bewegt sie wippend vor und zurück. So wird Streifen für Streifen durchgearbeitet.
Anschließend bekommt die Oberfläche eine feine Krümelstruktur, damit auch feine Saaten sofort einen guten Bodenkontakt haben. Hacke und Harke sind hier die richtigen Werkzeuge. Es sollte immer nur soviel Land vorbereitet werden, wie an dem jeweiligen Arbeitstag bestellt werden kann.

Auf keinen Fall wird das Land umgegraben, weil die Bodenschichten nicht durcheinander geraten dürfen. In jeder Bodentiefe leben andere Organismen. Geraten sie in andere Zonen mit anderer Luftversorgung, sterben sie ab und es dauert etwa sechs bis acht Wochen, bis sich wieder ein funktionsfähiges Bodenleben aufgebaut hat.

Vor dem Ausbringen der Saat wird der Boden nach Bedarf mit Dünger versorgt. Im biologischen Gartenbau ist Prinzip, die Pflanze nicht direkt mit löslichen Düngemitteln, sondern indirekt über die Bodenorganismen zu ernähren. Die beste Düngung für die Mineralstoffversorgung ist Kompost, ergänzt durch Gesteinsmehl und Algenkalk zum Erreichen eines pflanzenverträglichen pH-Wertes.

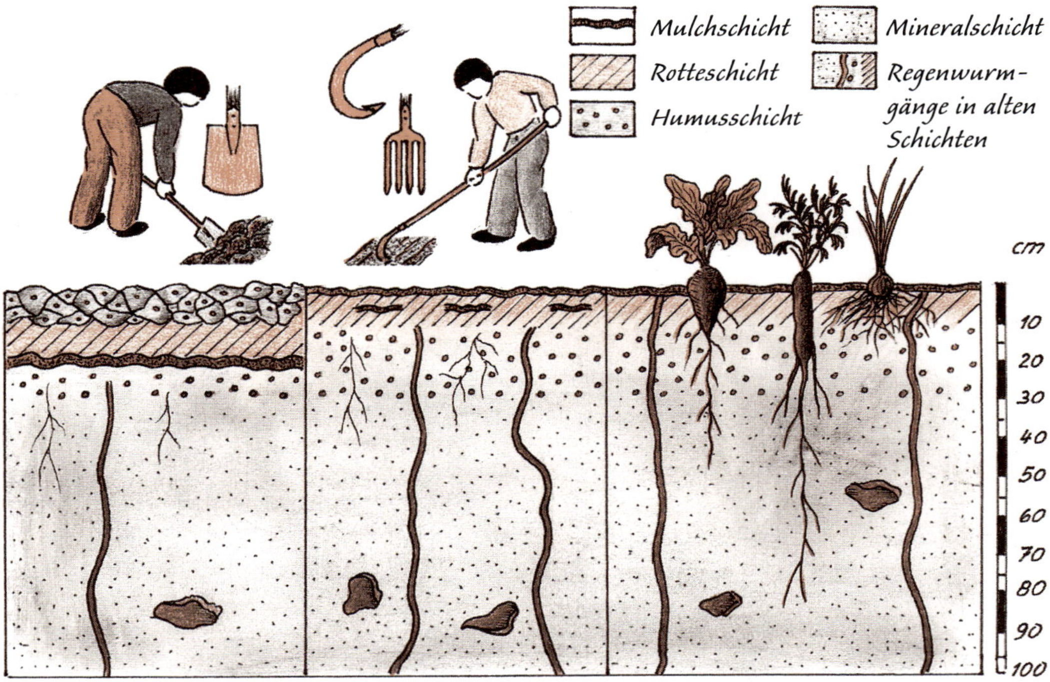

Boden mit dem Spaten gewendet. Mulch und Rotteschicht begraben. Verdichtungen

Boden mit dem Sauzahn oder der Grabegabel gelockert. Nur Mulch- und Rotteschicht werden gemischt.

Wurzeltiefen:
Flachwurzler bis 30 cm
Mittelwurzler bis 60 cm
Tiefwurzler bis 90 cm

Düngung

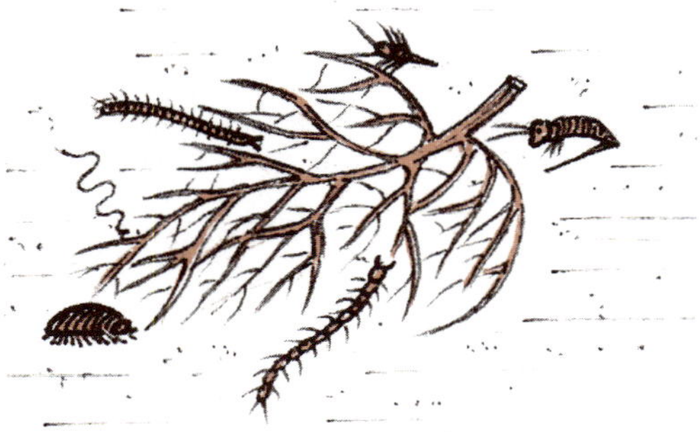

Bodenlebewesen

Hornspäne, Rizinusschrot und Co.

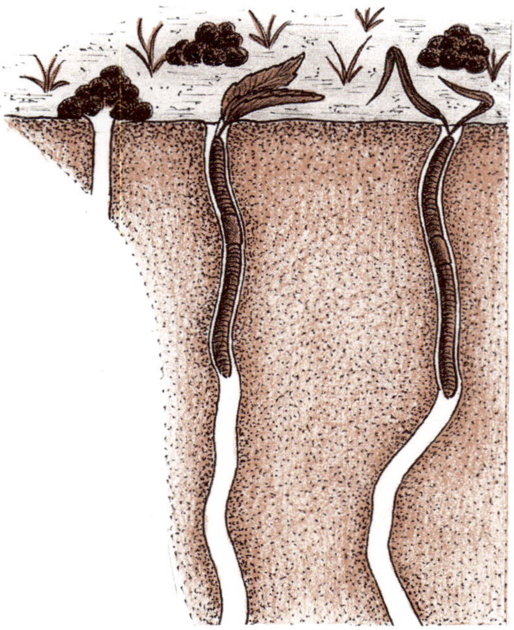

Regenwürmer sind nützliche Helfer

Im biologisch bearbeiteten Garten kommen nur die schwer löslichen organischen Düngemittel zum Einsatz. Diese werden zunächst von den Bodenlebewesen der Rotteschicht aufgenommen und verarbeitet. Die Bodenlebewesen haben ein sehr kurzes Leben von 30 Minuten bis zu zwei Tagen und dienen den Pilzen, Bakterien, Insekten und Würmern der Wurzelzone als Nahrung.
Durch diesen natürlichen Umweg (Vorverdauung) entsteht eine besonders bekömmliche Nahrung für die Pflanzen.
Die beste Nahrung für die Bodenlebewesen sind Kompost, Mulchmaterial und Gründünger, je feiner, desto rascher aufschließbar.
Auch Hornspäne, Guano, Knochenmehl und andere käufliche organische Düngemittel werden von ihnen zu pflanzenverfügbaren Stoffen verarbeitet, ebenso die wichtigen mineralischen Zusatzstoffe wie Gesteinsmehl und Algenkalk.
Der Regenwurm leistet eine besonders gründliche Vermischungsarbeit. Allerdings benötigt dieser Umweg über das Bodenleben seine Zeit. Es sollte darum schon Ende März bis Anfang April gedüngt werden, und zwar auch das Land, das erst im Mai bestellt wird.
Pflanzen, die auf diese Weise ernährt werden, sind widerstandsfähiger gegenüber Krankheiten und Schädlingen als die mit Mineraldünger gefütterten, und sie schmecken besser.

Wie wird nun richtig gedüngt?
Hat eine Bodenprobe ergeben, dass bestimmte Nährstoffe fehlen, werden Dünger verabreicht, die diese Nährstoffe ent-

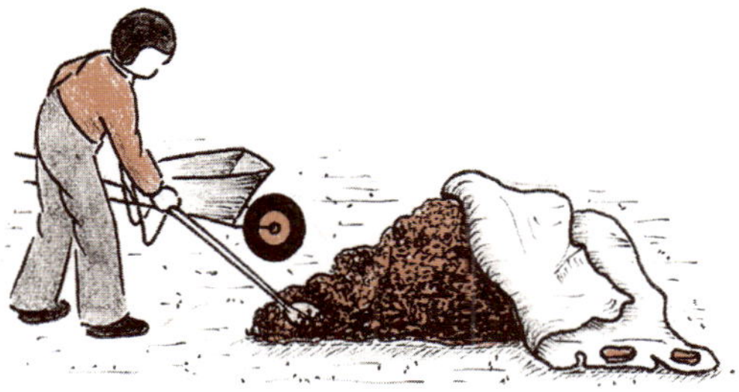

Im Kompost sind alle Nährstoffe enthalten.

Zuerst wird der Reifkompost oder Dünger auf die Erde gestreut ...

... dann mit Sauzahn oder Harke gleichmäßig in die oberen 8 cm der Bodenschicht eingearbeitet.

Befinden sich Pflanzen auf der zu düngenden Fläche, wird der Kompost oder Dünger vorsichtig rings um die Pflanze mit der Harke eingearbeitet.

halten, z. B. bei Phosphormangel Knochenmehl.
In einem sorgfältig aufgesetzten und ausgereiften Kompost finden sich in ausgewogener Form und natürlich vorverarbeitet alle Nährstoffe. Ist nicht genügend Kompost vorhanden, wird organischer Dünger dazugekauft. Jede Düngerart hat eine andere Zusammensetzung und Wirkungsweise. Die auf der Packung angegebenen Mengenangaben und Informationen über den richtigen Zeitpunkt für die Düngung müssen beachtet werden. Zu viel Dünger ist ebenso schädlich wie zu wenig, Überschüsse werden außerdem ungenutzt ins Grundwasser gespült.
Dies ist besonders im Herbst zu bedenken, wenn das Bodenleben bei niedrigen Temperaturen nur noch wenig Nährstoffe verarbeiten kann. Deshalb sollte nie im Herbst gedüngt werden.

Gründünger

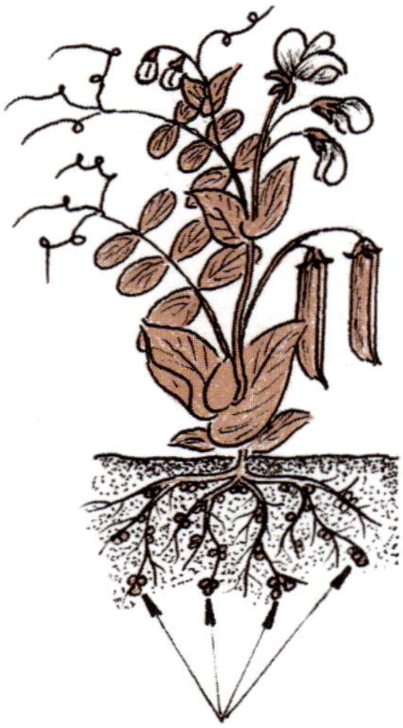

Knöllchenbakterien

Spinat

Ackerbohne

Phacelia

Gelbsenf

Gründünger fördert die Gesundheit unserer Böden. Leguminosen, als Gründünger verwendet, sammeln Stickstoff aus der Luft und machen ihn auch für andere Kulturpflanzen verfügbar.
Knöllchenbakterien an den Wurzeln der Leguminosen beherbergen Bakterien, die Luftstickstoff (N_2) binden können. Die Pflanze versorgt die Knöllchenbakterien mit Nährstoffen, dafür bezieht sie organisch gebundenen Stickstoff von den Bakterien. Werden die Leguminosen abgehackt und die Wurzeln im Boden gelassen, können nachfolgende Pflanzen ebenfalls vom Stickstoff profitieren.
Gründünger kann als Voraus-, Zwischen- oder Nachsaat angebaut werden. Für die reihenweise Gründüngung eignen sich Spinat, Ackerbohne (während der Blüte abschneiden), Phacelia und Gelbsenf (dieser nicht vor Kohl). Bei der Voraussaat wird der Gründünger abgehackt oder herausgezogen, wenn die Hauptkultur gesät oder gepflanzt wird. Der späte Gründünger bleibt stehen, friert über Winter ab und bleibt als Bodenbedeckung liegen. Wer gerne Spinat ißt, ist gut dran. Spinat ist winterhart, wächst im Frühjahr weiter und kann auch zum Verzehr geerntet werden.

Die ganzjährige, beetweise Gründüngung bietet sich sich für große Gärten als vierte Frucht im Fruchtwechsel an. Der Garten wird in vier Beetflächen eingeteilt. Im jährlichen Wechsel wird jeweils eine Fläche mit Gründünger eingesät. Als ganzjährige Gründünger können Kleemischungen, Rotenburger Kombigemenge und Lupinen verwendet werden.

Als ganzjährige Gründünger können Kleemischungen, Rotenburger Kombigemenge und Lupinen genommen werden.

Kleemischungen aus:

Inkarnatklee Gelbklee Steinklee Perserklee Alexandrinerklee

Das Rotenburger Kombigemenge ist zusammengestellt aus:

Winterwicken, Lupinen, einjährigen Klee- und Grassorten und Erbsen

Einsaat der Gründüngung

Vor der Einsaat den Boden mit Steinmehl versorgen ...

... und gut mit Sauzahn oder Kultivator lockern.

Für die beetweise Einsaat breitwürfig aussäen ...

... und sorgfältig verteilt einharken.

Wird der Gründünger reihenweise gesät, vorher eine Saatrille ziehen ...

... und nach der Einsaat wieder zuharken. Dann die Erde andrücken.

Gründüngungsart	Grünmasse	Wurzelmasse	Stickstoff	Wurzeltiefe
Kleemischungen	++	++	++	++
Lupine	++	++	++	+++
Einjähriges Kleegras	+++	+++	+++	++
Ackerbohne	++	++	+++	+++
Rotenburger Kombigemenge	+++	+++	+++	++
Gelbsenf	++	+	+	++
Phacelia	+++	+	+	+

+ gering ++ mittel +++ viel

2. Säen und Pflanzen

Vor dem Säen werden Reihen im Boden gezogen ...

Ob Beete angelegt sind oder größere Gartenabschnitte ohne dazwischenliegende Wege bearbeitet werden, Reihen sind auf jeden Fall notwendig. Zwei mit einer Schnur verbundene Hölzer, jeweils am Anfang und Ende der Reihe eingesteckt, erleichtern das Ziehen von geraden Reihen. Die Reihen werden entlang der Schnur mit umgedrehtem Hacken- oder Harkenstiel gezogen. Der Abstand zwischen den Reihen richtet sich nach der Größe des ausgewachsenen Gemüses. Da im biologischen Gartenbau mit der wachstums- und gesundheitsfördernde Mischkultur gearbeitet wird, also verschiedene Kulturen miteinander kombiniert werden, liegt der Reihenabstand meist bei 40 bis 50 cm.
Die Tiefe der Rillen ist je nach Größe der Körner unterschiedlich. Angaben dazu finden sich auf der Samentüte. Damit der

... in die das Saatgut eingestreut wird

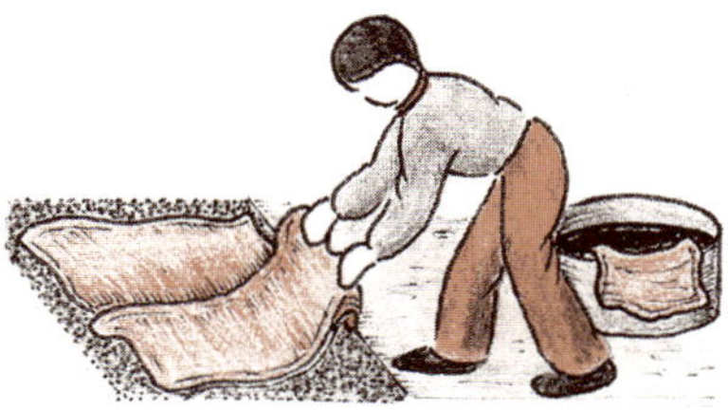

Sommersaaten abdecken und feucht halten

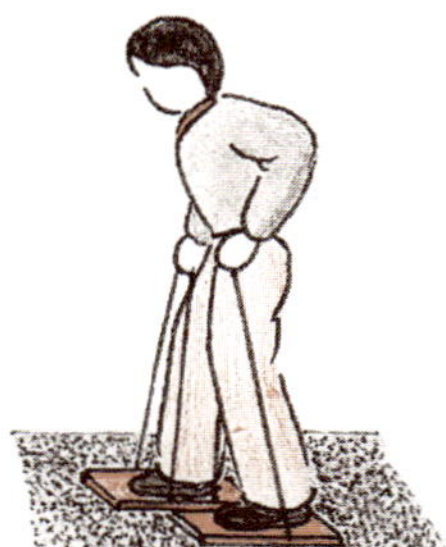

Zwiebelsamen wird fest in die Erde getreten

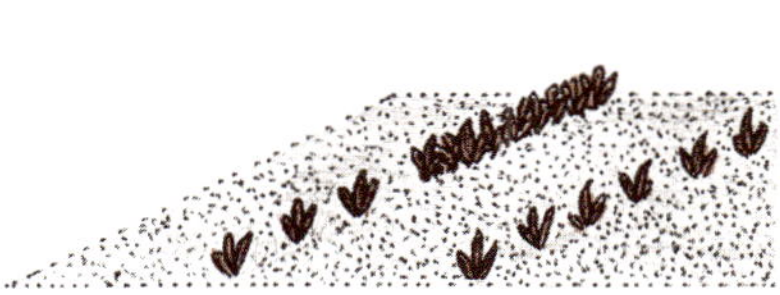

Saaten, die zu dicht stehen, werden ausgedünnt

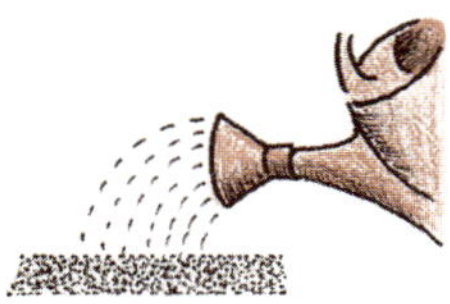

Anschließend wird gegossen

gelockerte Boden nicht zu sehr festgetreten wird, legt man dort, wo es keinen Weg gibt, ein Brett hin.
Die Aussaat wird mit der Hand oder Harke leicht angedrückt, dann die Erde darüber geschoben. Zwiebelsamen muß regelrecht festgetreten werden. Das geht gut mit Brettern. Bei trockenem Wetter und Boden müssen die Reihen anschließend gegossen werden. Sommeraussaaten sollten mit feuchten Säcken abgedeckt und feucht gehalten werden. Sobald die Saat aufgegangen ist, wird alles, was zu dicht steht, auf den richtigen Pflanzenabstand ausgedünnt.
Für Pflanzen ist das Umpflanzen ein schockartiges Erlebnis. Am wenigsten leiden Pflanzen, die in einem Blumentopf angezogen wurden und dann mit dem gesamten Wurzelballen eingepflanzt werden, wie es meist bei Tomaten der Fall ist. Um eine gute Wurzelbildung zu fördern, setzt man junge Tomatenpflanzen bis zum ersten Blattansatz in das Pflanzloch. Dadurch bilden sich am Stängel weitere Wurzeln. Da Tomaten Starkzehrer sind, wird das Pflanzloch – wenn vorhanden – mit gut verrottetem Reifkompost gefüllt. Alle Kohlpflanzen mögen als Beigabe Algenkalk (einen Kaffeelöffel voll) im Pflanzloch.
Es gibt Pflanzen, die bis zum ersten Blattansatz in die Erde gepflanzt werden, wie z.B. Kohl, Lauch und Tomaten. Pflanzen, die flach gepflanzt werden, wie z.B. Salat, Sellerie, Kohlrabi, Chinakohl und Endivien sollten auf keinen Fall tiefer, als sie vorher im Saatbeet standen, eingesetzt werden (auch wenn sie nach dem Pflanzen erst einmal umkippen). Nebenstehend wird gezeigt, was beim Verpflanzen vom Saatbeet an den Standort beachtet werden sollte.
Die Pflanzen sollten drei Tage lang anwachsen können, dann wird gemulcht.

Für Pflanzen ist das Umpflanzen ein Schockerlebnis

Kohlpflanzen mögen Algenkalk im Pflanzloch

Manche Pflanzen werden tief, manche flach gepflanzt (auch wenn sie erst einmal umkippen)

Beim Verpflanzen vom Saatbeet an den Standort sollte folgendes beachtet werden:

Verpflanzen ist bei feuchtem Wetter und bedecktem Himmel am günstigsten.

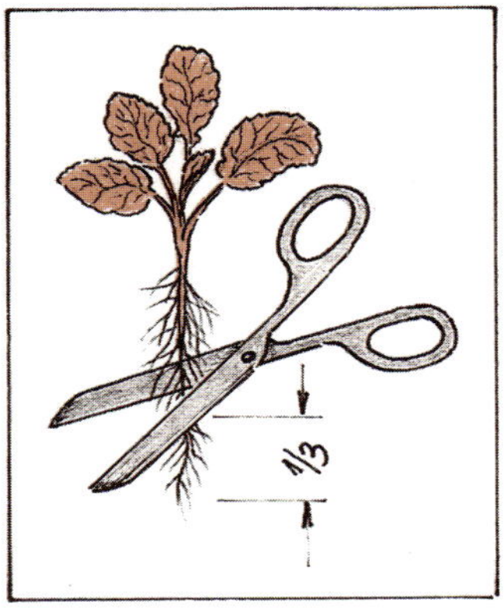

Lange Wurzeln um 1/3 einkürzen, das fördert die Bildung von nährstoff-saugenden Seitenwurzeln.

Pflanzlinge ca. 10 min lang in SPS-, Neudofix- oder Oscorna-Pilzvorbeuge-Lösung zur Vorbeugung gegen Pilzkrankheiten legen.

Das etwas über wurzelgroße Pflanzloch einschlämmen, am besten mit 1:10 verdünnter Brennnesseljauche.

Pflanzen einpflanzen, dabei die angegebene Pflanztiefe beachten.

Nach dem Pflanzen einen Ring von Gesteinsmehl oder Algenkalk um die Pflanze streuen. Das hält Kohlfliegen, Schnecken und andere Schädlinge ab.

Nach kurzer Anwachszeit von 3 Tagen wird gemulcht

Mulchen

In der gesunden Natur gibt es kaum unbedeckten Boden

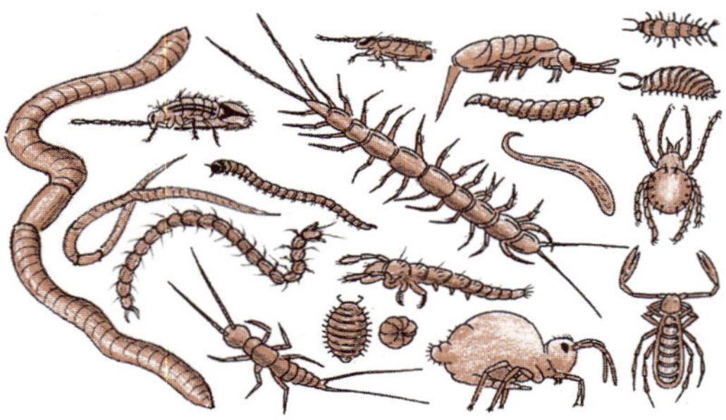

Bodenleben

Im Garten ist viel Mulchmaterial zu finden, Gemüseabfälle sind auch gut zu gebrauchen

Die ständige Bedeckung des Bodens mit organischem Material ist wichtig für die Erhaltung der oberen Schicht des Bodenlebens, der Abbaufauna. Diese Schicht muss ständig gefüttert werden, damit sie nicht abstirbt. Im Garten ist meist eine Menge Mulchmaterial zu finden, geeignet sind Hecken-, Strauch- und Baumschnitt (zerkleinert), Stroh, Schilf und Laub. Diese eher schwer verrottbaren Materialien werden mit einer kleinen Gabe organischen Volldüngers aufs Beet gebracht. Gut verwendbar sind auch zerkleinerte Garten- und Gemüseabfälle aus der Küche, Unkraut ohne Samen sowie für Starkzehrer angerotteter Kompost. Rasenschnitt ist ideal, darf aber nur dünn ausgebracht werden. Er klebt leicht zusammen und bildet dann eine undurchlässige Schicht.

Vor dem Mulchen werden Wildkräuter entfernt und der Boden gut gelockert.

Saftiges Material nur dünn aufbringen, lieber öfter nachlegen.

Trockenes Material kann dicker gelegt werden, wenn es angefeuchtet wird.

Zu bedenken ist, dass eine dicke Mulchschicht, besonders Stroh, guten Unterschlupf für Schnecken bietet.

1. *Vor dem Mulchen Wildkräuter entfernen und den Boden lockern.*
2. *Saftiges Mulchmaterial nur dünn auflegen, dafür öfter.*
3. *Trockenes Mulchmaterial dichter legen und anfeuchten.*

(2)

(1)

(3)

Eine Bodenbedeckung der besonderen Art

Auf einfache Weise lässt sich ein Stück Wiese in eine Anbaufläche für Gemüse oder Stauden verwandeln. Wurzelunkräuter wie Löwenzahn und Hahnenfuß können so dauerhaft unterdrückt und müssen nicht vorher mühsam ausgelesen werden. Ungeeignet ist diese Methode allerdings, wenn Quecke vorhanden ist.

Das abgesteckte Stück Land wird grob umgegraben und die Erdschollen ein wenig geglättet. Wurzeln können im Boden bleiben.

Mit möglichst unbedruckter Pappe (Umzugskartons o.ä.) wird das Beet nun lückenlos, am besten überlappend, abgedeckt.

Obendrauf kommt eine etwa 35 cm dicke Schicht Mist. Pferdemist ist gut geeignet, meist kostenlos erhältlich und verliert seinen strengen Geruch bereits nach zwei, drei Tagen an der Luft.

Die Fläche kann sofort bepflanzt werden. Dafür wird der Mist etwas auseinander geschoben, die Pappe kreuzweise aufge-

Wurzelunkräuter Hahnenfuß und Löwenzahn

Das Beet mit Pappe überlappend abdecken...

... darauf eine Schicht Pferdemist geben

Für die Pflanzung wird der Mist auseinander geschoben, die Pappe kreuzweise eingeschlitzt und gute Gartenerde in das so entstandene Pflanzloch gefüllt.

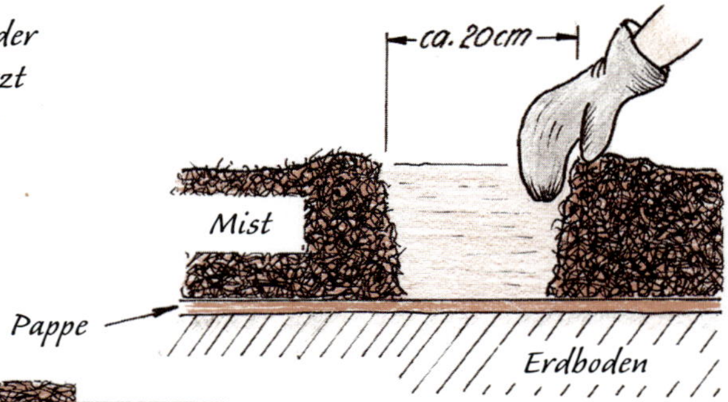

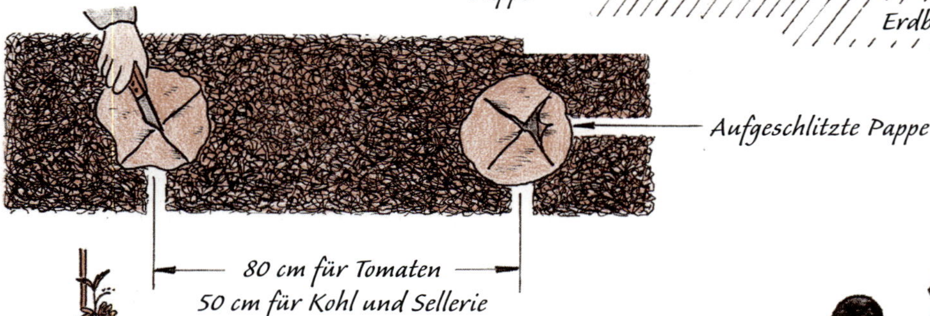

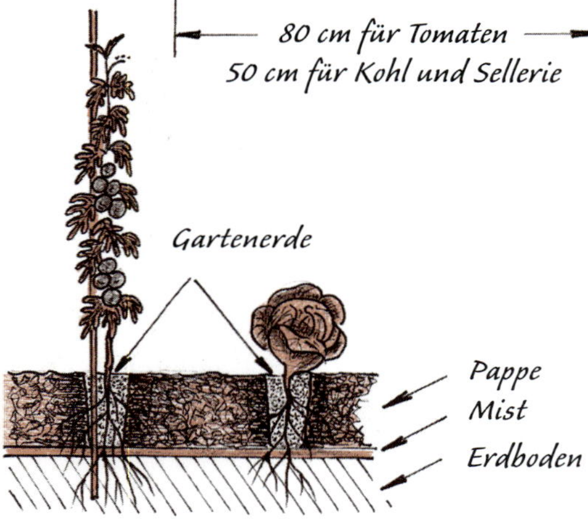

schlitzt und das so entstandene Pflanzloch mit Erde gefüllt.
Gut gedeihen hier Tomaten, Sellerie und andere Starkzehrer. Im Ziergartenbereich kann die Fläche im ersten Jahr mit Kapuzinerkresse überrankt werden. Dazu Pflanzlöcher im Abstand von zwei Metern anlegen und jeweils einige Körner rankende Kapuzinerkresse legen.
Zu beachten ist, dass dieses Beet schneller austrocknet als andere.

Da Tomaten gerne immer am gleichen Ort stehen, können sie auch im zweiten Jahr wieder gepflanzt werden. Ist geplant, das Beet mit Zierpflanzen anzulegen, kann jetzt die endgültige Bepflanzung vorgenommen werden.
Im dritten Jahr ist der Mist vollständig verrottet und es bleibt ein humoser, guter Gartenboden zurück. Die meisten Wurzelunkräuter sind unter der Pappe erstickt und verschwunden.

Vom Gießen

Eine Pflanze benötigt etwa 500 l Wasser, um 1 kg Pflanzenmasse zu bilden. Das macht deutlich, wie wichtig eine ausreichende Wasserversorgung ist. Zu viel Nässe allerdings, z.B. durch Dauerregen, verschlämmt den Boden und es gibt keinen Luftaustausch mehr.
Beachtet man einige Regeln, läßt sich Arbeit und Wasser sparen und Schädigungen der Pflanzen durch falsches Gießen vermeiden.

Eine Mulchschicht puffert heftige Regenfälle und Gießwasser. Verschlämmung wird verhindert, ebenso eine schnelle Austrockung des Bodens bei Trockenheit.
Regenwasser ist für das Wässern der Pflanzen am besten geeignet. Auch Brunnenwasser ist gut, wenn es zum Erwärmen einige Tage stehen bleibt.
Leitungswasser sollte einige Tage stehen und mehrmals täglich gerührt werden, damit Chlor entweichen kann.
Bei hoher Luftfeuchtigkeit ist es auch trotz fehlendem Regen nicht nötig, dass viel gegossen wird. Wer keinen Hygrometer hat, dem liefert die benötigte Trockenzeit von Wäsche, die im Freien aufgehängt ist, ein Anhaltspunkt: je länger sie zum Trocknen braucht, desto höher ist die Luftfeuchtigkeit.
Tiefwurzelnde Pflanzen benötigen generell weniger Wasser als Flachwurzler.
Pflanzen wollen unterschiedlich gegossen werden. Einige mögen eine Wasserdusche über die Blätter, andere vertragen es nur, wenn sie im Wurzelbereich gegossen werden und reagieren empfindlich auf Wasser auf den Blättern. Hier ist ein ein-

Eine Mulchschicht schützt den Boden

Nie direkt aus dem Wasserschlauch (oben) und bei heißer Sonne wässern (unten)

Hügel- und Hochbeete trocknen besonders schnell aus

Blattgemüse und Salatarten werden mit dem Brausestrahl erfrischt

Niemals über taunasse Blätter gießen

Gurken

Bei Bohnen, Kürbis, Sellerie, Gurken, Tomaten, Tees und Kräutern nur den Wurzelbereich feucht halten

gegrabener, durchlöcherter Eimer oder ein eingegrabener Blumentopf nützlich, in den das nötige Wasser gegossen wird.
Im Frühjahr und Herbst eher morgens, im Hochsommer besser abends gießen.
Bei Trockenheit soll nicht so oft, dafür aber ausgiebig gewässert werden (15 l Wasser pro Quadratmeter).

Niemals Wasser auf taunasse Blätter gießen.

Möglichst nicht direkt aus dem Wasserschlauch und keinesfalls bei praller Sonne gießen.

Ernteverfrühung und Pflanzenanzucht

Trotz mitteleuropäischer Sommerverhältnisse ist es möglich, mit der richtigen Zeitplanung und dem Einsatz von Pflanzenabdeckungen zwei Ernten nacheinander zu erzielen, und das nicht nur bei Kurzzeitpflanzen wie Salat und Radieschen. Es gibt sehr unterschiedliche Methoden, mit deren Hilfe frühere Ernten zu erreichen oder wärmebedürftige Pflanzen zu kultivieren sind.

Am komfortabelsten sind Gewächshäuser. Glas- und Plexiglasgewächshäuser gibt es in zahlreichen Formen und Größen zu kaufen. Weniger kostenaufwendig sind Gewächshäuser mit Wänden aus Folie. Anlehngewächshäuser, die am besten an der Ost- oder Westseite des Wohnhauses angebaut werden sind platzsparend und natürlich kann auch ein Wintergarten zur Ernteverfrühung benutzt werden.

Gewächshaus aus Glas bzw. Plexiglas (links), Folienhaus (Mitte), Anlehngewächshaus / Wintergarten (rechts)

Im folgenden werden einige Selbstbauten für einfache und relativ schnell herzustellende Frühbeete, Wanderkästen und Folientunnel beschrieben.
Je nach Bauart und Unterlage können vier Arten von Frühbeeten unterschieden werden:

- das warme Mistbeet
- das halbwarme Frühbeet
- das kalte Frühbeet
- der Wanderkasten

Um einen Frühbeetkasten zu bauen, ist kein großer Aufwand nötig, wenn man ausrangierte Fenster zur Verfügung hat. (Alte Fenster sind bei Renovierungmaßnahmen auch oft kostenlos erhältlich, einfach mal den Handwerker anrufen). Die notwendigen Rahmenbretter kauft man dazu. Bei einem solchen Frühbeet richtet sich die Größe nach den vorhandenen Fenstern.
Wer seinen Kasten ganz neu baut, hat freie Wahl bei der Festlegung der Größen. Zwei bis drei Frühbeetkästen sind für die Pflanzenanzucht und zur Ernteverfrühung kleiner Mengen Salat ausreichend.
Im Garten werden die Kästen so platziert, dass die hohe Rückfront nach Norden zeigt. Die Neigung nach Süden gewährleistet den besten Sonneneinfall. Nordwind abhaltende Hecken, Bäume, Gemäuer oder Bauwerke sollten bei der Platzwahl Vorrang haben.

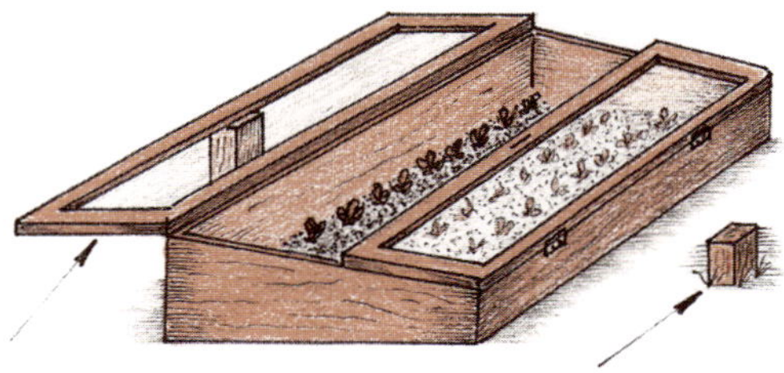

Frühbeet aus alten Fenstern

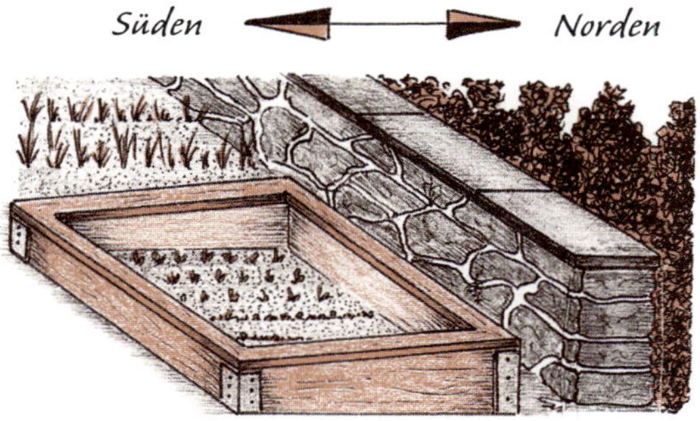

Frühbeetkasten aus Neuteilen, nach Süden zur Sonne geneigt, nach Norden geschützt durch das Mäuerchen.

Frühbeetkasten (Bauplan)

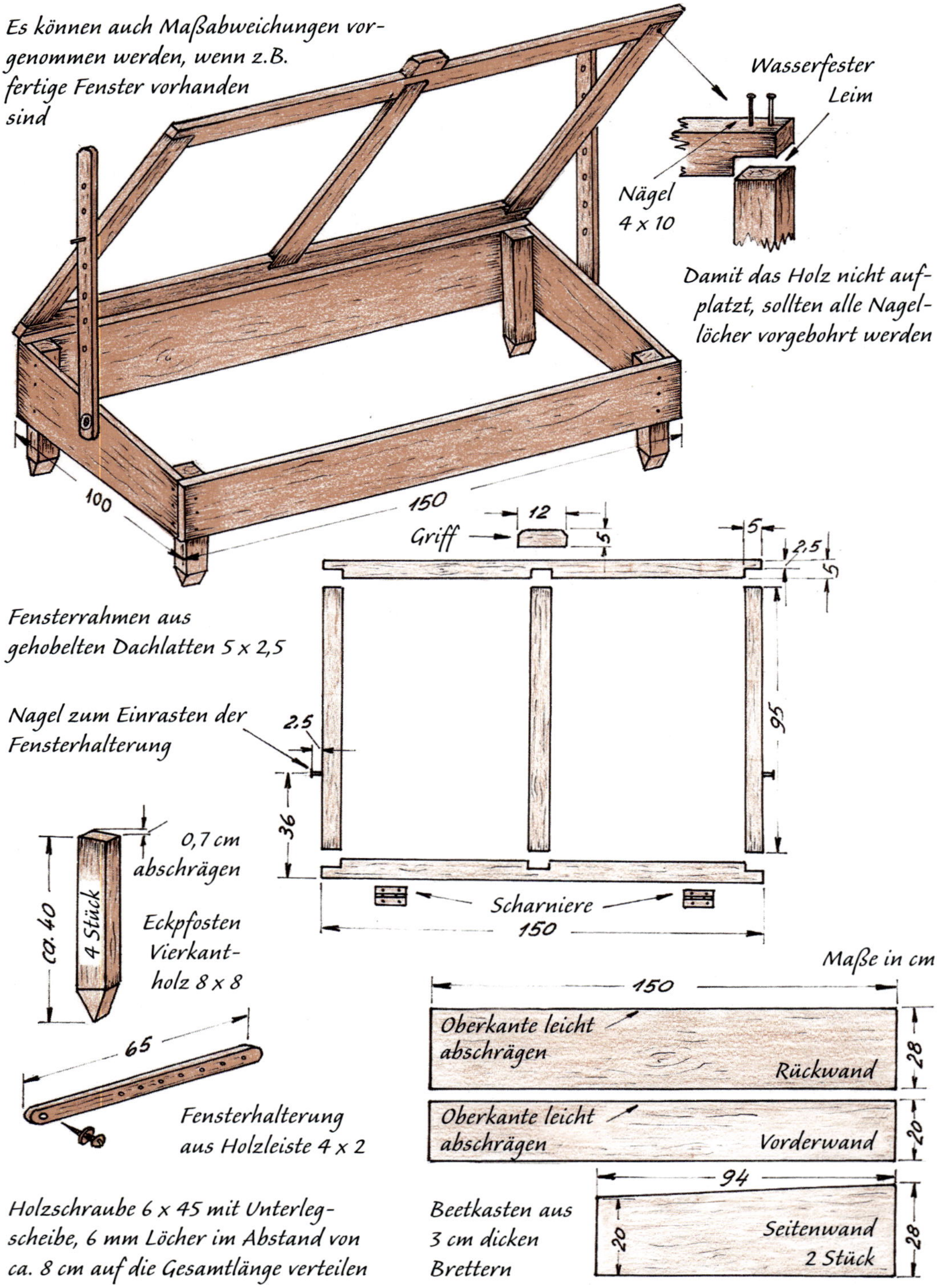

Weitere Bauhinweise

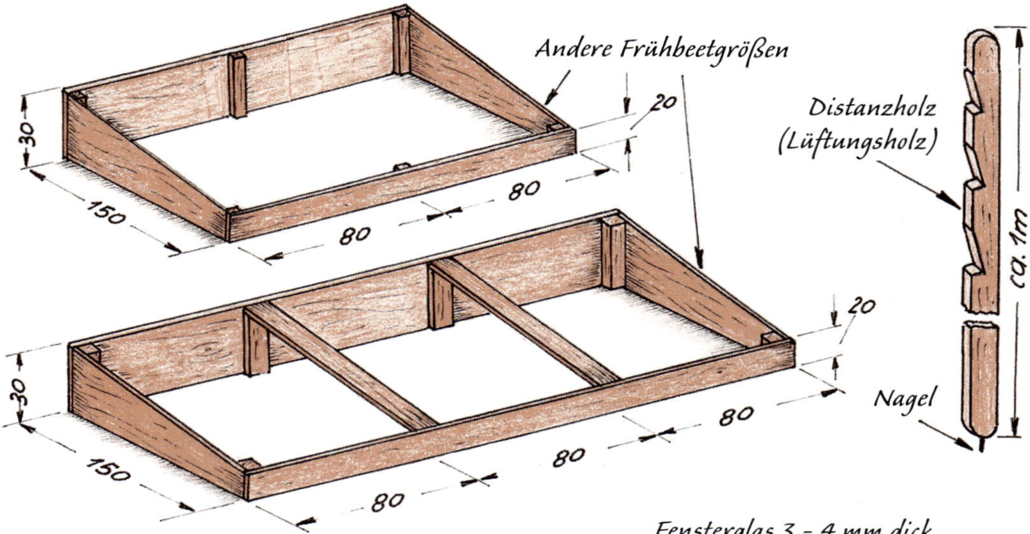

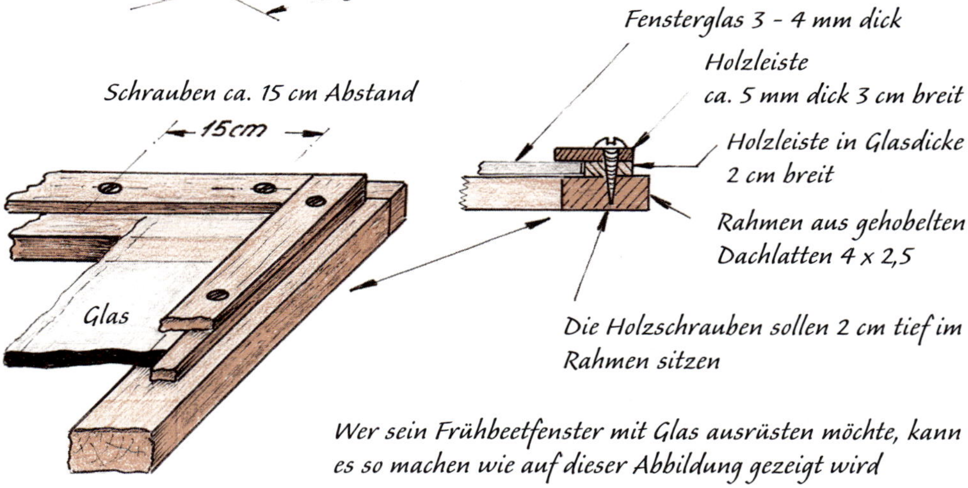

Wer sein Frühbeetfenster mit Glas ausrüsten möchte, kann es so machen wie auf dieser Abbildung gezeigt wird

Das Her- und Wegräumen der Abdeckung entfällt, wenn am Kasten zwei Schnüre angebracht sind, mit denen die aufgerollte Strohmatte festgebunden wird

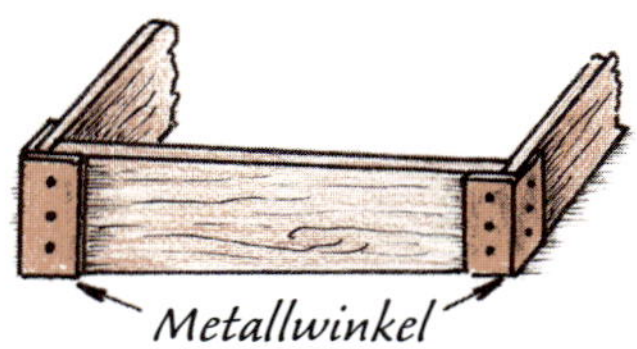

Besonders stabil werden die Kästen, wenn an den vier Ecken Metallwinkel angeschraubt werden. Dies gilt besonders für die Wanderkästen

Das warme Mistbeet

Die Grube für das mit Pferdemist gefüllte Mistbeet muss im Herbst vor Frosteintritt ausgehoben werden. Im Frühjahr wird dies nicht gelingen, da der Boden im Februar/März entweder noch gefroren oder zu nass ist. Mit dem warmen Mistbeet sind Ernteverfrühungen bis zu sechs Wochen möglich. Bereits Ende Mai kann so der erste Salat geerntet werden.

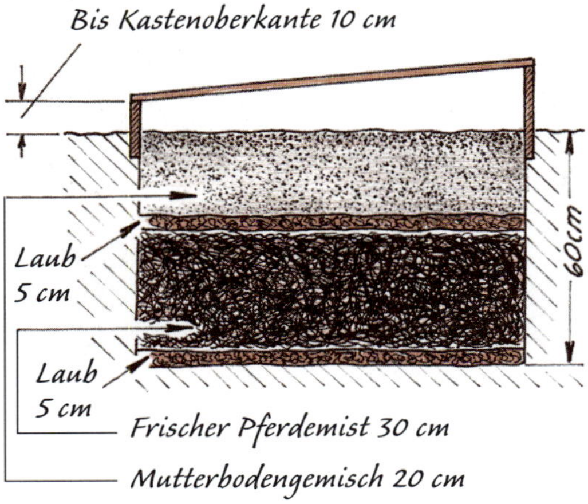

Grube in Frühbeetkastengröße 60 cm tief ausheben

Die oberen 20 cm Mutterboden zur Seite legen

Mutterboden mit 10 % Reifkompost mischen

Vermischte Muttererde mit Laub oder Stroh über Winter abdecken

Die Grube wird ebenfalls mit Laub oder Stroh gefüllt

So vorbereitet ruht die Anlage bis zum frühen Frühjahr

Grube von der Winterfüllung befreien

Rahmen aufsetzen, Vorderkante 10 cm über dem Boden

Als Unterschicht 5 cm Laub einschütten

30 cm frischen Pferdemist hineingeben

Packung festtreten

5 cm Laub aufstreuen

20 cm Mutterbodengemisch aufbringen und glatt harken

Zwecks Erwärmung Fenster auflegen

Laub- oder Mistkragen als Wärmeschutz anlegen

Temperatur messen; nach Bodenerwärmung auf 8°C einsäen, Saat andrücken und mit Schachtelhalmtee anfeuchten.

Das halbwarme Beet

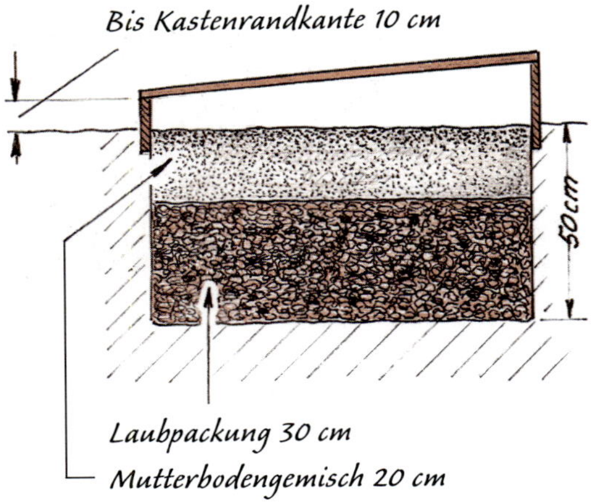

Halbwarmes Beet

Der Bau gleicht dem des warmen Mistbeetes. Die Grube wird aber nur 50 cm tief ausgehoben. Die Laubpackung sollte aus feuchtem, nicht zu nassem Laub bestehen. Es muss ausreichend Luft in der Schicht sein, damit die wärmebildende Verrottung in Gang kommt. Die Zugabe von grünen Pflanzenabfällen vom Wintergemüse wie Grünkohl oder Feldsalat sorgt für zusätzliche Wärme. Mitte März sollte das halbwarme Beet bereitstehen und kann dann zur Pflanzenanzucht und für frühen Salat benutzt werden.

Das kalte Frühbeet

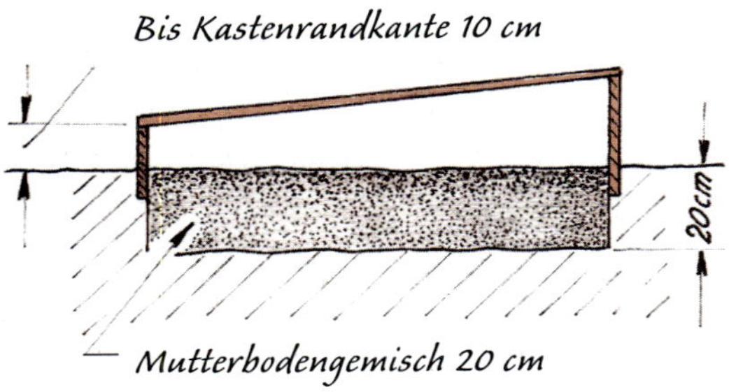

Kaltes Frühbeet

Am meisten verbreitet ist der kalte Kasten, das Frühbeet, das immer am gleichen Platz stehen bleibt und keine Füllung bekommt. Auch hier ist eine frühere Ernte möglich. Durch die Abdeckung und die dunkle Komposterde im Inneren ist die Wärmeentwicklung besser als im offenen Beet. Gleichgültig, ob Fensterglas oder Folie den Kasten schützt, wichtig ist, dass die Rahmen dicht aufliegen.

Der Wanderkasten

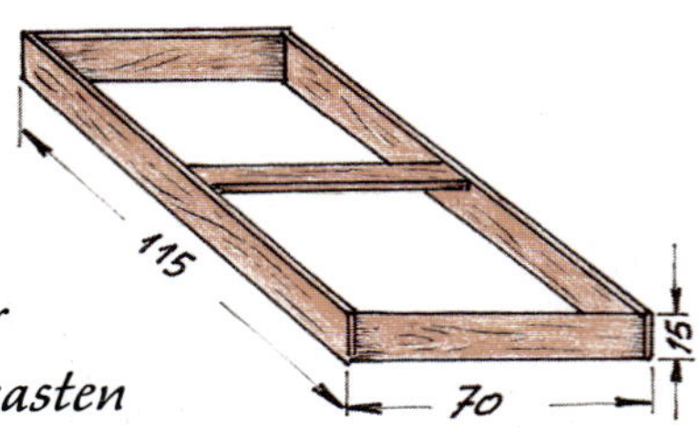

Einfacher Wanderkasten

Das mobile Frühbeet läßt sich beliebig umsetzen, weil es nicht im Boden verankert ist. Der einfachste Wanderkasten besteht aus einem Rahmen aus etwa 15 cm breiten Brettern. Sie werden, wie auf der Abbildung gezeigt, zusammengenagelt und mit Folie bespannt. Die Größe ist natürlich beliebig, nur die Höhe von 15 cm darf nicht unterschritten werden. Zu beachten ist, dass der Kasten kein Gefälle hat und sich Regenwasser auf der Folie sammelt. Dadurch können die Pflanzen

beschädigt werden. Das Wasser muss also schnell abgekippt werden. Zum Lüften wird die dem Wind abgewandte Seite angehoben und unter den Rahmen werden Distanzhölzer gesteckt. Diese einfachen Wanderkästen können zur schnelleren Erwärmung auf Saatbeete, oder bei drohendem Nachtfrost über junge Pflanzen gestellt werden. Im Erdbeerbeet sorgen sie für frühere Blüte und damit für ein früheres Reifen der Früchte.
Ein größerer Wanderkasten ersetzt in kleinen Gärten das Frühbeet. Er wird im Sommer entfernt und macht Platz für die späten Gemüsesorten. Im späten Herbst wird er dann an die vorgesehene Stelle für das nächste Jahr gesetzt.

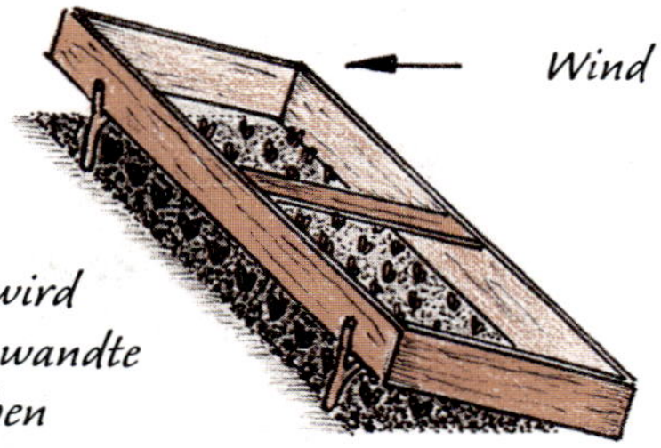

Zum Lüften wird die windabgewandte Seite angehoben

Aussaaten im Frühbeet

Im Frühbeet werden die Reihen in Nord-Süd-Richtung angelegt. Trotz aller Schutzmaßnahmen ist das Wetter manchmal so ungünstig, dass die Saaten nicht aufgehen. Dann muss ein zweites Mal gesät werden. Ideal ist, den Boden vor jeder Aussaat mit verdünntem Schachtelhalmtee zu besprühen. Das sorgt für kräftiges Pflanzengewebe und hemmt Pilzbefall.

Bis zum Aufgehen der Saaten können die Beete nachts mit Strohmatten oder alten Teppichen bedeckt werden.
Nach dem Aufgehen der Saat müssen die jungen Pflanzen nach und nach abgehärtet werden. Dazu wird zunächst das Frühbeet tagsüber für eine Stunde einen kleinen Spalt weit geöffnet. Die Lüftungszeit wird nach und nach verlängert, bis das Frühbeet etwa ab dem späten Vormittag bis zum späten Nachmittag belüftet wird. Zu dicht stehende Pflänzchen werden vereinzelt. Es bleiben nur so viele stehen, wie benötigt werden. Schneckenfraß kann auch im Frühbeet ein Problem werden. Deshalb sind regelmäßige Kontrollen notwendig. Überstäuben der Pflanzen mit Algenkalk verdirbt den Schnecken den Appetit.

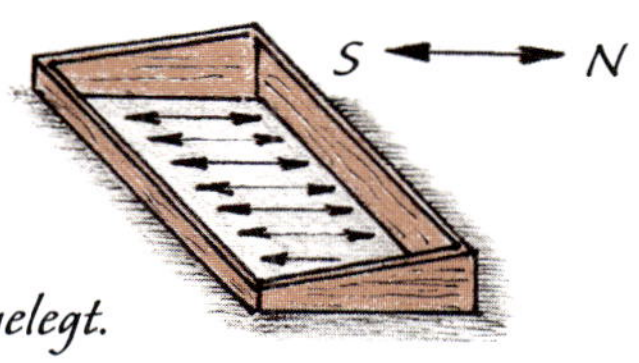

Saatreihen werden in Nord-Süd-Richtung angelegt.

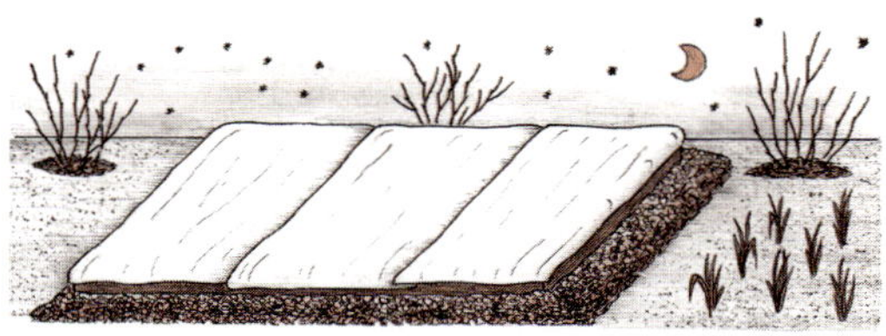

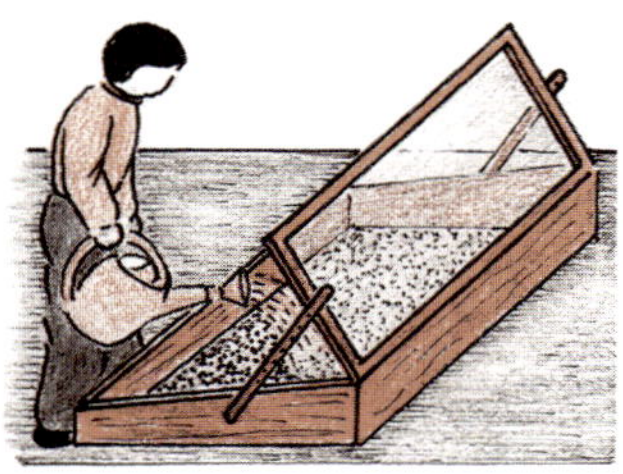

Ideal ist, vor jeder Aussaat den Boden mit verdünntem Schachtelhalmtee zu besprühen.

Strohmatten oder alte Teppiche schützen nachts die Saat vor Kälte (oben). Zu dicht stehende Pflänzchen werden vereinzelt (unten).

Bauplan für einen Wanderkasten

mit allseitigem Lichteinfall und abnehmbarem Deckel

Damit der Wind den Deckel nicht abwerfen kann, wird hier eine Schlaufe zum Einhaken angebracht

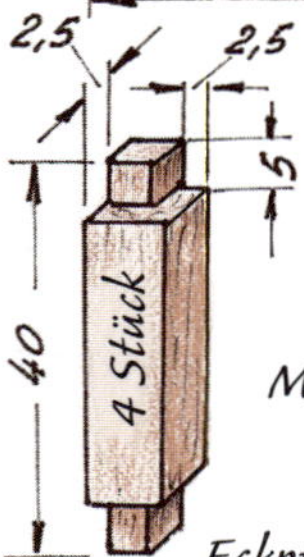

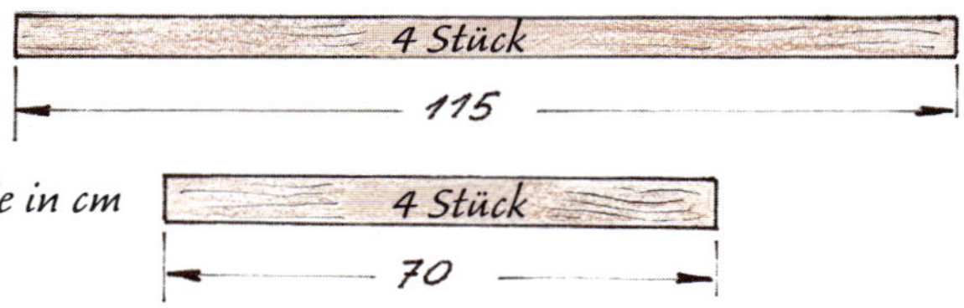

Maße in cm

Eckpfosten aus Vierkantholz 8 x 8

Rahmen und Deckel aus Dachlatten 5 x 2,5

Holzschrauben 5 x 50
Löcher vorbohren

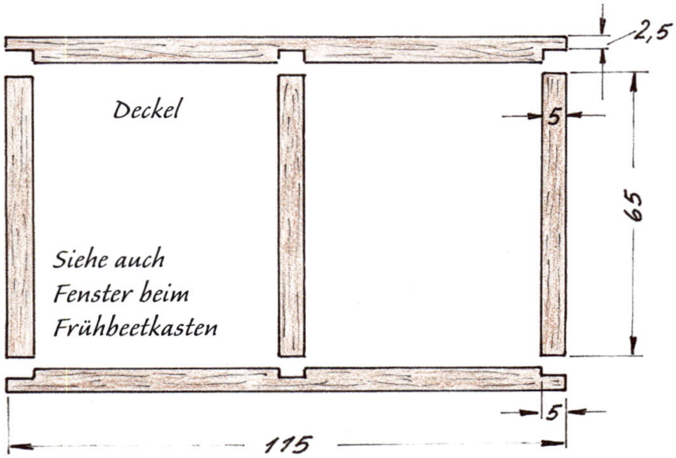

Siehe auch Fenster beim Frühbeetkasten

Werden statt Nägeln Holzschrauben verwendet, kann man bei Nichtgebrauch den Kasten gut auseinandernehmen und platzsparend lagern

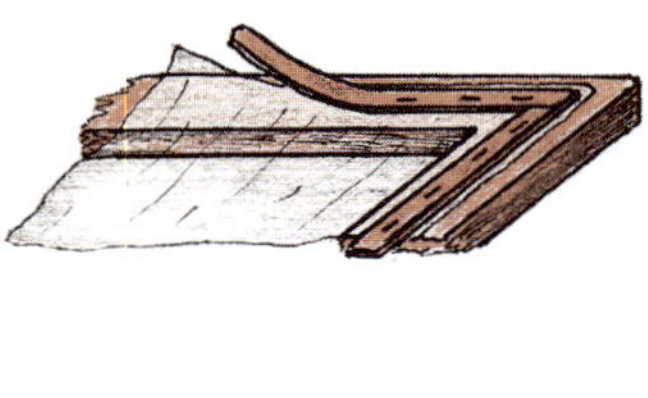

Die Folie hält besser, wenn sie vor dem Nageln (Pappstifte) oder Auftackern mit einem Streifen aus wasserfestem Material (Isolierband oder Klebestreifen) abgeklebt wird

Schutzmaßnahmen für Saaten und Jungpflanzen

Ein Folientunnel läßt sich in jeder beliebigen Größe bauen

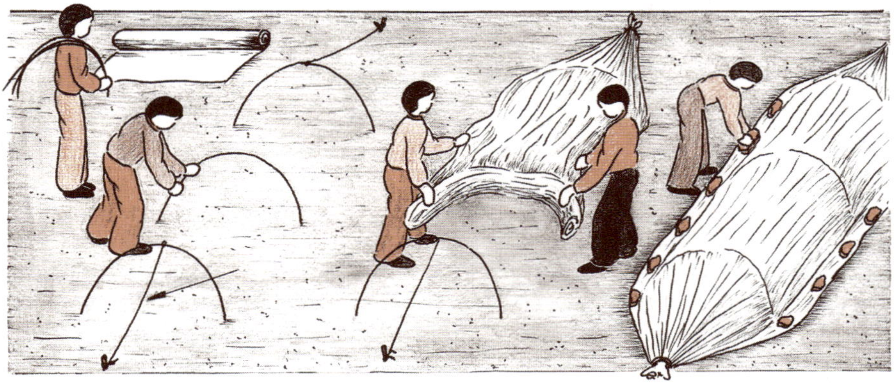

Drahtbügel stecken — Folie überziehen — Ränder beschweren

Plastikbecher

Offener Tunnel

Abdeckung mit Vlies oder perforierter Folie. Wird glatte Folie benutzt, sollten zuvor mit der Harke einige Löcher eingeschlagen werden, es sammelt sich sonst zu viel Regenwasser an.

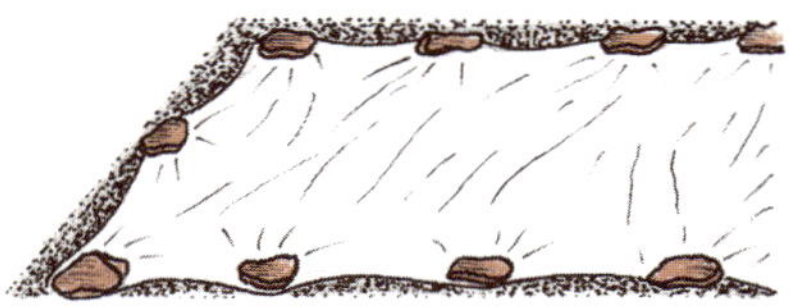

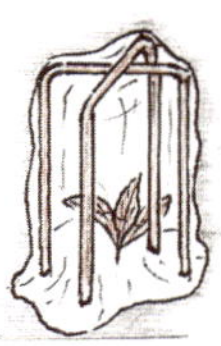

Hauben aus Einfrierbeutel über Drahtbügel gezogen

Für Stangenbohnen gelochte Eimer überstülpen

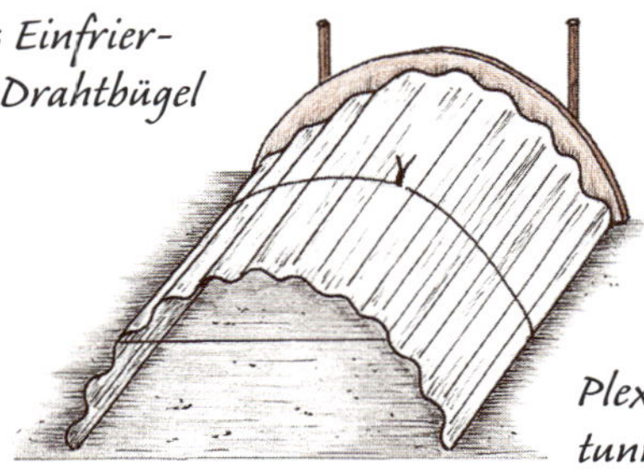

Plexiglastunnel

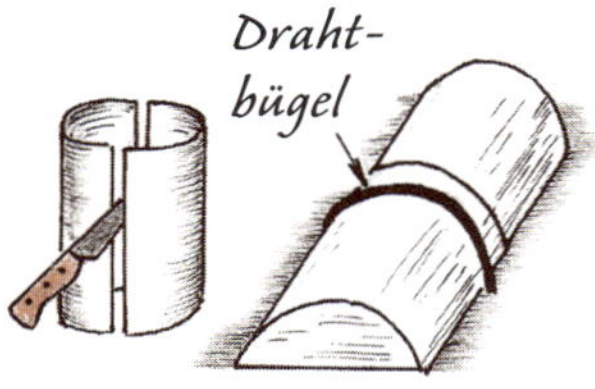

Tunnel aus aufgetrennten Plastikkübeln

Nicht nur zur frühen Ernte, sondern auch gegen späte Nachtfröste sind Folientunnel und die anderen hier gezeigten Schutzvorrichtungen schnell aufgebaut.

Pflanzenanzucht auf der Fensterbank

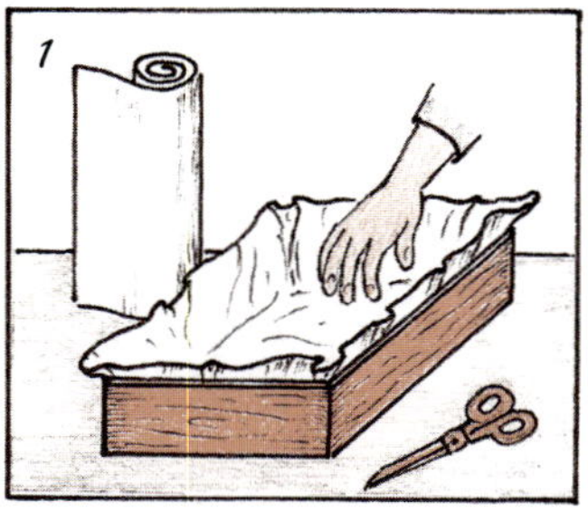

1 Holzkiste mit Folie auslegen

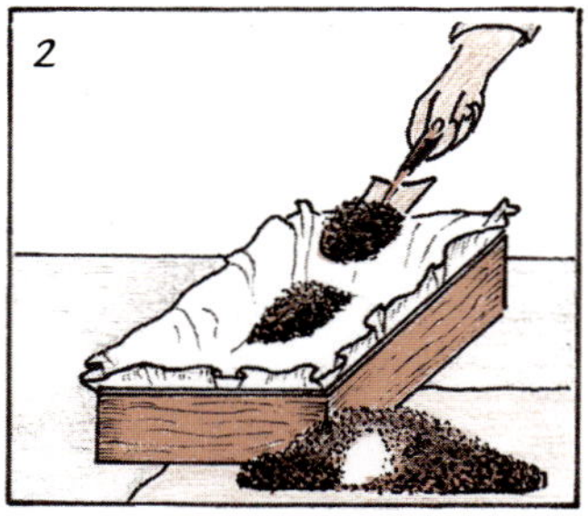

2 Erdgemisch 1* in die Kiste füllen

3 Erde mit Schachtelhalmtee durchfeuchten

4 Ungebeizten Samen 20 Minuten in SPS-Saatbad legen

5 Samen auf saugfähigem Papier trocknen. Getrockneten Samen aussäen

6 Kiste bis zum Aufgehen der Saat abdecken (Pappe oder Zeitung), gut mit verdünntem Schachtelhalmtee feucht halten

7 Wenn die Keimblätter voll ausgebildet sind, Pflanzen in Erdgemisch 2** pikieren und mit SPS-Lösung überbrausen

8 Kisten und Töpfe mit Pflanzen ins Frühbeet oder Gewächshaus stellen

9 Pflanzen mit gut angefeuchtetem Ballen aus den Töpfen oder Kisten nehmen und mit Wurzelballen einpflanzen

*Erdgemisch 1	**Erdgemisch 2
1 Teil Kompost, 1 Teil Sand, 1 Teil Gartenerde, 3 Teile Feiner Rindenhumus	3 Teile Kompost, 1 Teil Sand, 2 Teile Gartenerde, 2 Teile Feiner Rindenhumus

Pflanzen von Bäumen

Pflanzzeit für Bäume und Büsche ist Oktober bis November oder auch das frühe Frühjahr (Ende März).
Vorteilhaft ist, die Pflanzgrube für die Herbstpflanzung bereits im September und die für die Frühjahrspflanzung im November des Vorjahres auszuheben.
Der Aushub, die obere und untere Erdschicht, wird getrennt in zwei Haufen gelagert: Beide Haufen werden mit je zwei Spaten voll Reifkompost, 2 kg Gesteinsmehl und etwas Holzasche vermischt. Danach den Aushub und die Grubensohle bis zur Pflanzung mit Mulchmaterial abdecken.
Vor dem Setzen des Baumes wird ein Stützpfahl etwas seitlich in Windrichtung in die Pflanzgrube eingebracht.
Beschädigte und dickere Wurzeln am Baum werden mit der Schnittfläche nach unten abgeschnitten, Faserwurzeln bleiben ungeschnitten. Der Wurzelballen wird für 20 Minuten in einen sämigen Preicobaktbrei (siehe S. 108) gestellt und dann so eingesetzt, dass die Veredelungsstelle eine Handbreit aus dem Boden herausragt und die Wurzeln nicht abgeknickt zu liegen kommen. Der Boden wird wieder so eingefüllt, wie er war, d.h. zuerst die untere Bodenschicht und dann die obere. Für diese Arbeit ist man am besten zu zweit. Nach der Pflanzung steht der Baum zunächst leicht erhöht. Gründliches Wässern schlämmt die Hohlräume zwischen den Wurzeln ein. Danach wird gemulcht. Nach etwa drei Wochen hat sich der Baum gesetzt und kann an den Stützpfahl angebunden werden.

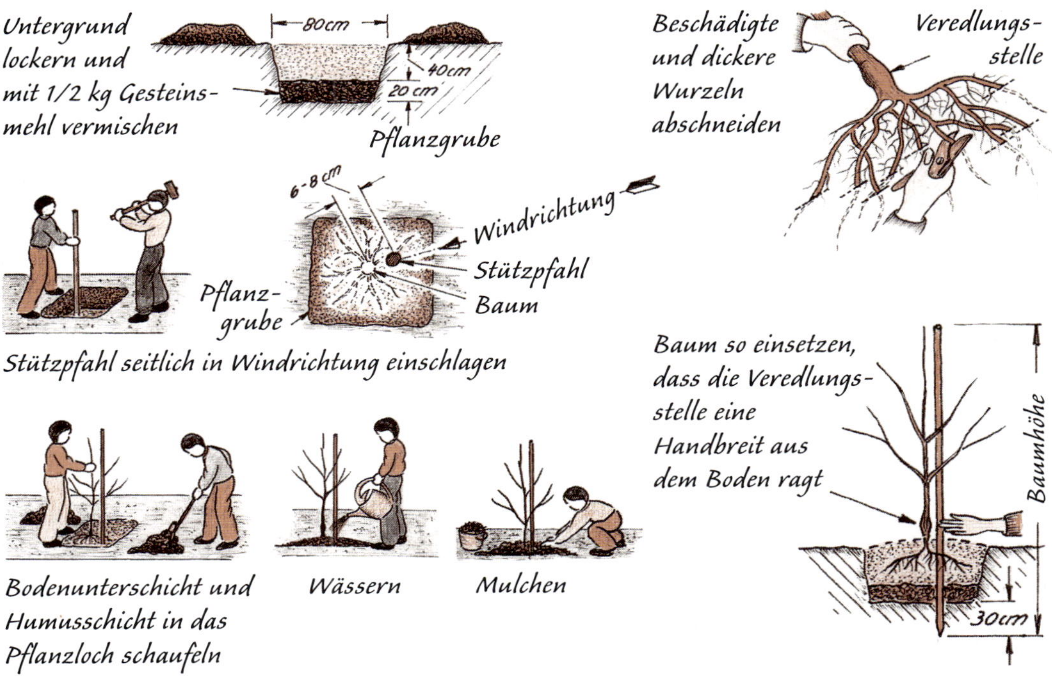

Pflanzen von Büschen

Prinzipiell können alle Gartenbüsche so gepflanzt werden, wie es die folgende Arbeitsanleitung zeigt, es sei denn, die Baumschule gibt weitere Pflanzanweisungen. Lediglich Schwarze Johannisbeerbüsche bilden eine Ausnahme. Sie werden 8 cm tiefer gesetzt, als sie in der Baumschule standen.

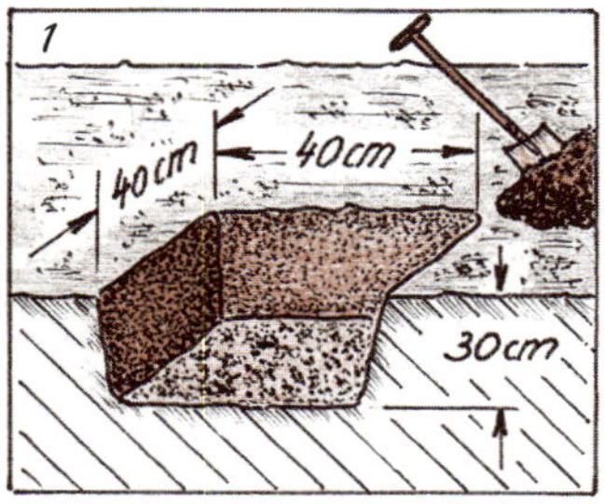

Pflanzgrube ausheben (möglichst 14 Tage vor der Pflanzung)

Untergrund gut lockern

Erdaushub mit Reifkompost und Steinmehl vermischen

Beschädigte und zu lange Wurzeln abschneiden

Trockenes Wurzelwerk einige Stunden ins Wasser stellen

Danach Wurzelwerk 20 Min. in sämigen Preicobaktbrei stellen

Busch so einsetzen, dass keine Wurzel abgeknickt wird

Leicht festtreten, trockenen Boden gießen

Pflanzstelle mit Mulchmaterial abdecken

3. Vom Humus und Kompost

Humus ist für die Bodenfruchtbarkeit und -gesundheit durch nichts anderes zu ersetzen. Weil jede Ernte Humus verbraucht und viele Böden inzwischen humusarm sind, sollte dem Gartenland recht viel Humus zugeführt werden.
Die besten und schnellsten Maßnahmen zur Anreicherung des Bodens mit organischem Material, der Vorstufe von Humus, sind Mulchen, Kompostieren und Gründüngen.
Hiermit wird gleichzeitig auch eine Düngung erreicht. Kompost und Leguminosengründüngung sind sogar völlig ausreichend, um eine gute Bodenqualität zu erhalten.

Mulchen

Kompostieren

Gründüngen

Kompostbereitung

Alle verrottbaren, rückstandsarmen Materialien, die im Garten und Haushalt entbehrlich sind (ausgenommen gekochte Speisereste), und die nicht zum Mulchen gebraucht werden, können kompostiert werden.
So wird es gemacht:
Abfälle sammeln; grobes Material zerkleinern; trockenes mit frischem Material gut durchmischen; Zuschlagstoffe, wie einige Schaufeln Erde, 8 kg Gesteinsmehl, 5 kg Algenkalk und 3 kg Hornspäne pro Kubikmeter Biomaterial darunter mischen.
Über den richtigen Feuchtigkeitsanteil entscheidet die Faustprobe. Dazu wird das gut gemischte Material fest in der Hand zusammengepresst: Treten einige Wassertropfen zwischen den Fingern heraus, hat es die richtige Feuchtigkeit. Ist es zu trocken, fällt das Material in der

Kompostmaterial sammeln und zerkleinern

Trockenes und feuchtes Kompostmaterial gut durchmischen.

Erde, Gesteinsmehl, Algenkalk und Hornspäne als Zuschlag zugeben.

zu nass | zu trocken | richtig

Die Faustprobe bringt Klarheit, ob der Kompost die richtige Konsistenz hat.
Dann den Kompost in einen Behälter schaufeln (unten) oder an einen vor Regen und Hitze geschützten Walm anbauen (links unten).

Ab und zu kontrollieren:
Ist der Kompost zu trocken, wird Wasser zugegeben.

Zeigt sich Fäulnis, wird der Walm oder das Silo mit trockenem Material neu aufgesetzt.

Den Reifkompost sieben und alle 3 Jahre in die oberste Bodenschicht einarbeiten

Hand auseinander und muss angefeuchtet werden. Bei zu viel Feuchtigkeit wird trockenes Material wie Stroh oder Pappe untergemischt. Anschließend wird alles in den Silo geschaufelt und mit einer Abdeckung vor Regen und Hitze geschützt.
Bei einem Kompostwalm wird obenauf eine Schicht aus grobem Stängelmaterial gelegt und dann die Abdeckung darübergebreitet. So kann die Luft besser zirkulieren. Im Verlauf der Rotte sollte öfter die Feuchtigkeit kontrolliert und bei Trockenheit Wasser zugefügt werden. Ist die Rotte allerdings zu feucht, tritt schnell Fäulnis ein und alles muss neu mit trockenem Material untermischt werden.
Im Sommer entsteht schon nach vier Monaten Grobkompost, ein Nährhumus, den man bis etwa 15. September zur Abdeckung von abgeerntetem Gartenland oder für Obstbaumscheiben benutzen kann. Zwölf Monate etwa sind notwendig, um Reifkompost (gut vererdeter Kompost) zu erhalten. Dieser findet zu jeder Jahreszeit Verwendung, z.B. bei der Pflanzenanzucht. Reifkompost wird vor der Verwendung durchgesiebt und die groben Überreste erneut zum Kompost gegeben.
Etwa drei Schaufeln Reifkompost pro m² Fläche werden alle drei Jahre in die oberste Bodenschicht eingearbeitet. Das erhöht den Humusgehalt des Gartenbodens nachhaltig.

Mistkompost

In älteren Gartenbüchern wird Mistkompost besonders hoch bewertet. Auch heute noch ist Mistkompost für Starkzehrer und zur Setzlingsanzucht eine feine Sache. Mist aus Massentierhaltung kommt aber für den Biogarten nicht in Frage, da hier Rückstände von Pharmaka u.ä. enthalten sein können. Wenn auch Rindermist für den Garten am wertvollsten ist, so wird man doch am einfachsten an Pferdemist kommen. Gemischt mit Erde und Steinmehl (kein Kalk und Hornspäne) wird der Mistkompost aufgesetzt. Die Höhe einer Kompostmiete aus Pferdemist darf nicht mehr als 80 cm betragen, weil die Erhitzung sonst zu groß wird.

Mistkompost wird nur mit Erde und Gesteinsmehl gemischt

Kompostbereitung

Kompostbehälter aus verschiedenen Materialien

Der Komposthaufen ist das Herz des biologischen Gartens

Kompostsilo
(Kompostbehälter)

Kompostwalm
(Kompostmiete)

Bei geringem Anfall von Kompost-
material können hier jeweils ca.
30 cm angebaut werden

Bauanleitung Kompostsilos aus Holz

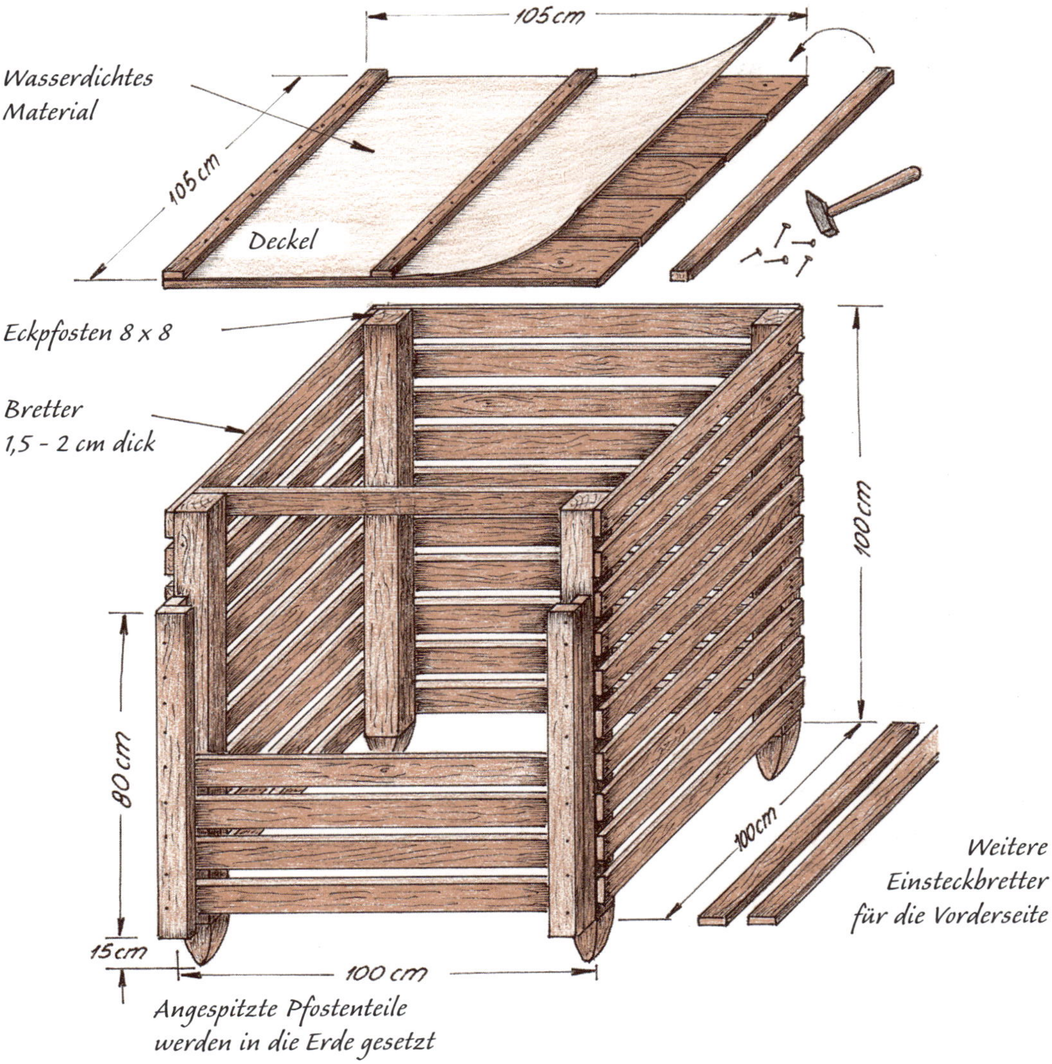

Die Seitenteile werden auf dem Boden zusammengenagelt und aufgerichtet. Mit den Brettern der Rückseite werden sie dann miteinander verbunden.

Bretter immer mit zwei Nägeln aufnageln, damit die Seiten gegen Verschub gesichert sind.

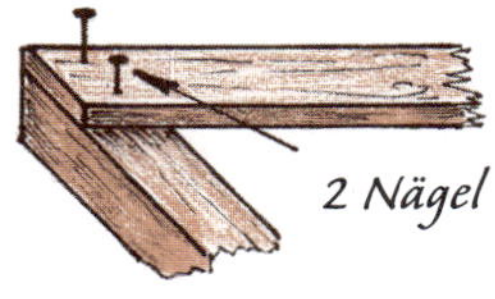

Kompostsilo aus Steckelementen

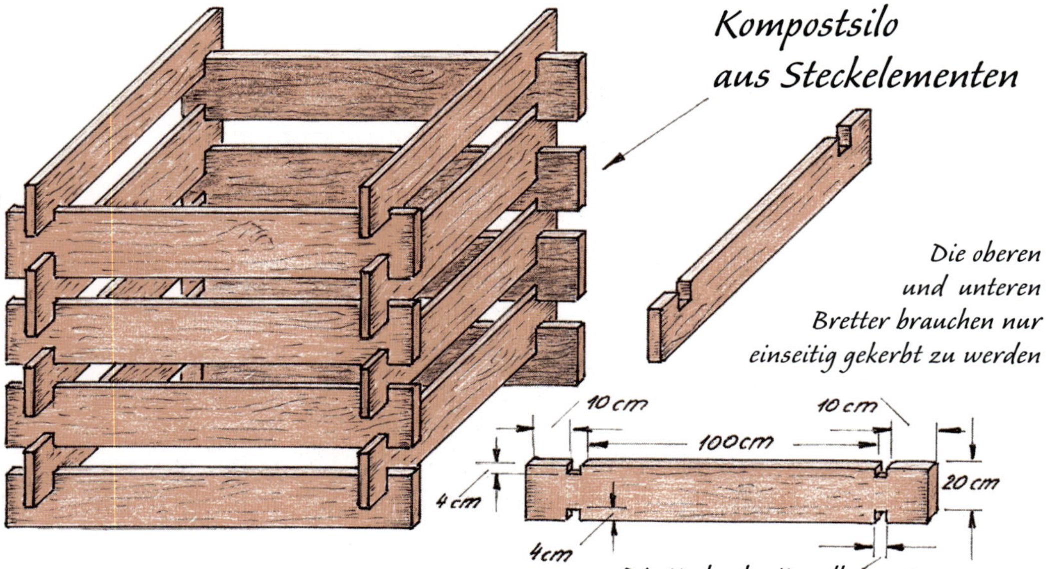

Empfohlene Dicke der Bretter ab 3 cm aufwärts

Die Kerbenbreite soll
etwas mehr als die Brettdicke betragen

Vierkanthölzer in den Abmessungen 6 bis 12 cm
bekommen zwei Bohrungen und können dann
übereinander auf ein Rund-
eisen gesteckt werden

Bauanleitung Kompostsilo aus Stein

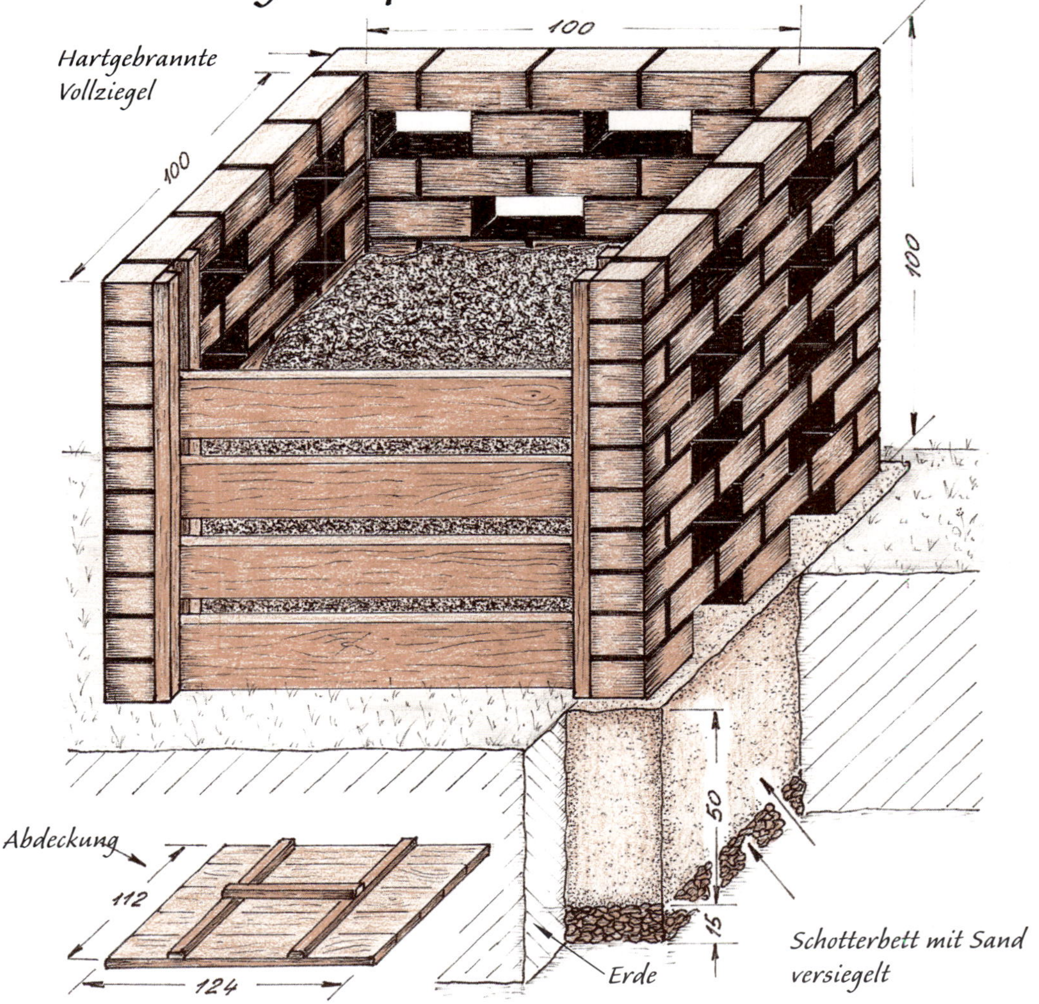

Maße in cm

Für diesen gemauerten Kompostsilo ist ein Streifenfundament aus Beton von 50 cm Tiefe erforderlich.

Die Seitenwände werden mit Luftdurchlässen gemauert.

Der Boden des Silos ist zum Erdreich hin offen.

Betongemisch: 3 Teile Kies, 2 Teile Sand, 1 Teil Zement

Hügel- und Hochbeete

Hügelbeet

Hügel- und Hochbeete mit ihrem nährstoffreichen Kern lassen einen mehrjährigen Gemüseanbau ohne zusätzliche Düngegaben zu. Die humose Erde erwärmt sich im Frühjahr rasch und trägt zu einer Ernteverfrühung bei. Ein weiterer Vorteil ist, dass viel organisches Material eingesetzt werden kann, das bei Ernte, Baumschnitt oder Rasenumbruch anfällt. Ist der Kern nach einigen Jahren zersetzt und der Hügel eingesunken, bleibt ein Beet mit bester, humoser Gartenerde zurück.

Nachteilig ist die rasche Austrocknung von Hügel- und Hochbeeten. Deshalb müssen sie immer gut gegossen werden

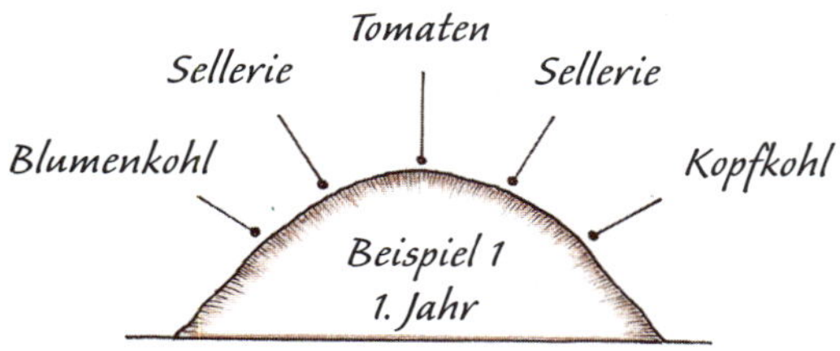

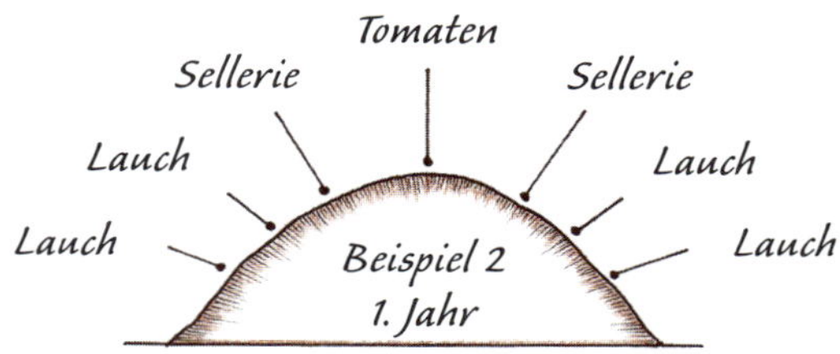

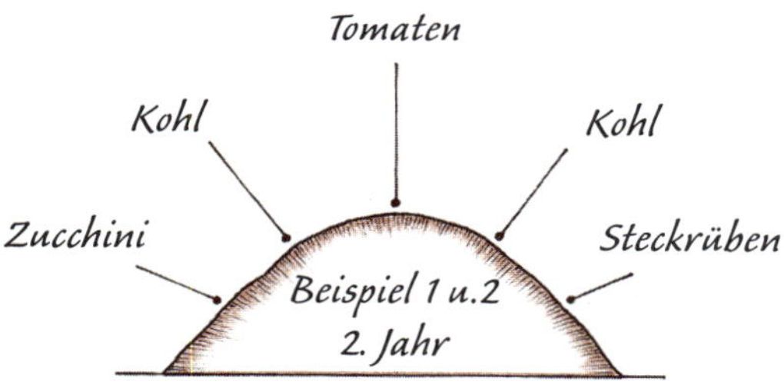

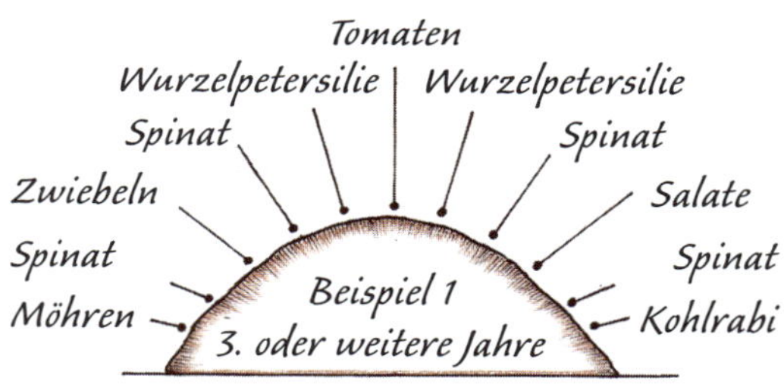

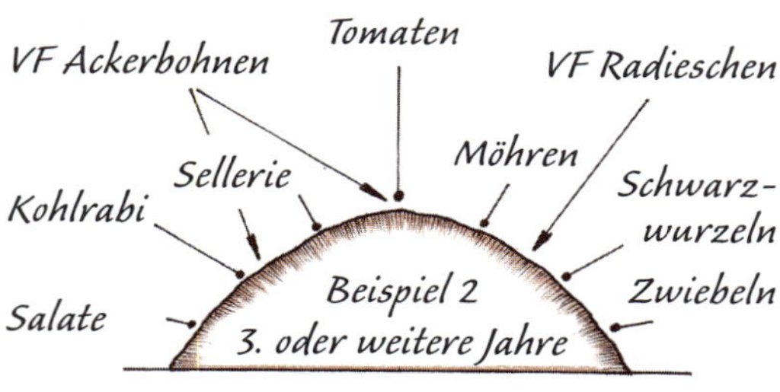

Pflanzbeispiele

VF = Vorfrucht

Im 4. Jahr werden Hoch- und Hügelbeete noch einmal mit Reifkompost versehen

(daher: beim Aufbau eine Gießrille nicht vergessen). Außerdem ist das Mulchen hier besonders wichtig. Zu beachten ist zudem, dass im ersten Jahr kein nitratanreicherndes Gemüse wie Spinat oder Rote Bete angebaut werden soll. Ein übermäßiger Nitratgehalt ist bei sachgerechtem Aufbau aber nicht zu befürchten, da besonders die Zersetzung von Holz und Laub viel Stickstoff im Boden bindet, der den Pflanzen dann nicht zur Verfügung steht.
Hügel- und Hochbeete können etwa sechs Jahre lang benutzt werden. Die Wärmewirkung verringert sich aber von Jahr zu Jahr. Danach werden sie wie ein normales Beet benutzt.

Hilft gegen Wühlmäuse: die Mulde für das Hügel- oder Hochbeet mit Maschendraht auslegen

Die Vorteile:

- Eine Vergrößerung der Anbaufläche.
- Eine starke Humusverbesserung des Bodens.
- Wenig Arbeit in den fünf Jahren nach dem Bau.
- Früherer Anbau möglich, da das Beet nicht betreten werden muss.
- Ernteverfrühung durch Verrottungswärme. Dies kann durch die Verwendung von Folie oder Vlies noch erhöht werden.

Folgende Punkte sind beim Bau zu beachten:

- Gegen Wühlmausbesuch im Garten, die Mulde mit feinem Maschendraht auslegen.
- Der günstigste Zeitpunkt zum Bau ist im März oder im Spätherbst.
- Die obere Erdschicht muss 20 cm dick sein.
- Mehr als 20% Reifkompost gehören nicht in die Erde.
- Zur Bodenverbesserung kann Steinmehl oder in sandigen Böden Bentonit untergemischt werden.
- In den ersten beiden Jahren gehören Starkzehrer in der richtigen Mischkulturzusammenstellung auf das Beet.

Die Beetlänge kann beliebig gewählt werden, sollte aber möglichst über vier Meter liegen. Der Aushub kann für den äußeren Mantel genutzt werden. Um das Hügelbeet herum wird nach der Fertigstellung am besten ein Rahmen aus 10 cm breiten Brettern angebracht. das Beetbleibt dann besser in Form und der Weg sauber.

Bauanleitung Hügelbeet

Zum Bau eines Hügelbeets benötigte Materialien sind:

Äste und Zweige vom Baum- und Strauchschnitt

Grassoden

Laub

Grobkompost

Äste dürfen bis Armdicke genommen werden

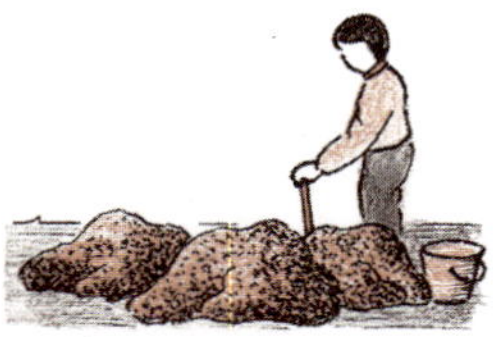

Gartenerde gemischt mit 20 % Reifkompost

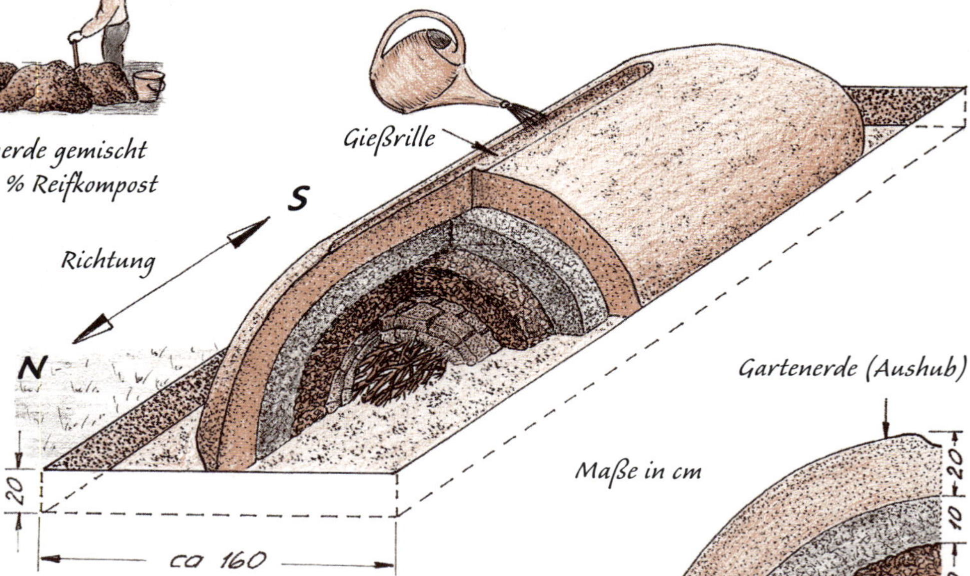

Die Beetlänge kann beliebig gewählt werden, sollte aber möglichst nicht unter 4 m liegen.

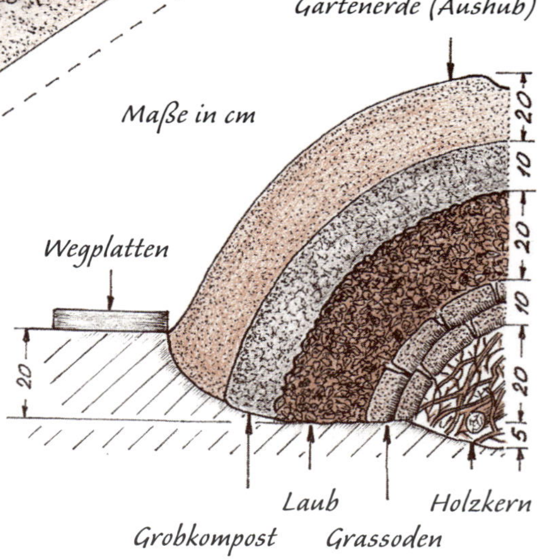

Der Aushub kann für den äußeren Mantel genommen werden.

Die Gießrille ist wichtig, da Hügelbeete leicht austrocknen. Ein Rahmen (aus ca. 10 cm breiten Brettern) um das Hügelbeet herum (siehe links) hilft, dass es besser in Form und der Weg sauber bleibt.

Aufbau des Hügelbeets:

Platz aussuchen, dabei die Nord-Süd-Richtung beachten.

Hügelbeetgrube ca. 20 cm ausheben. Maschendraht auslegen.

Holzkern einbringen.

Holzkern mit Grassoden abdecken. Die Grasnarbe zeigt dabei nach unten.

Grassodenlage mit Laub bedecken.

Eine Lage Grobkompost auf die Laubschicht aufbringen.

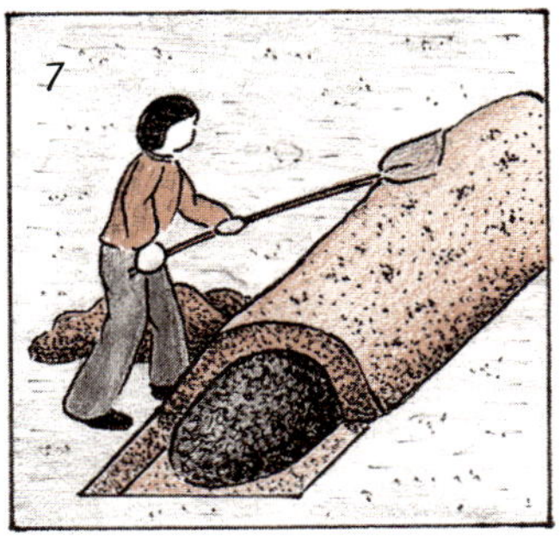

Äußeren Mantel aus Gartenerde und 20 % Reifkompost aufschichten.

Jede gelegte Lage muss gut angefeuchtet werden.

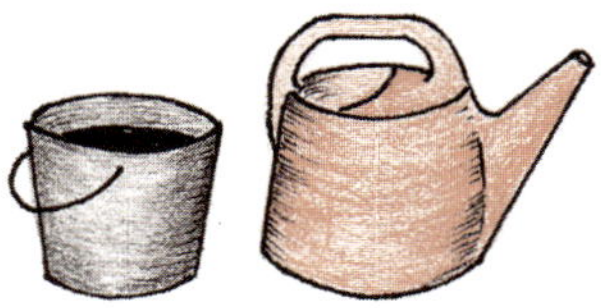

Außerdem erhalten die Lagen Holz, Grassoden und Laub, jeweils eine Prise Hornspäne oder Rizinusschrot (wie Salz auf Brot).

Zum Schluss wird auf dem Rücken des Hügelbeets eine Gießrille angebracht.

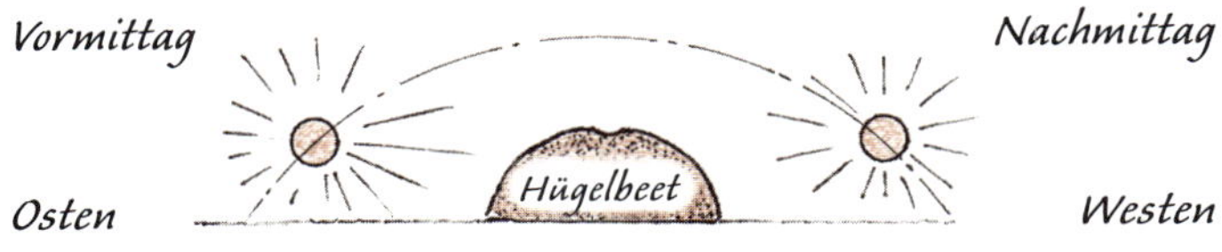

Die Nord-Süd-Richtung gewährleistet die Sonneneinstrahlung auf beiden Seiten des Hügelbeets.

Bauanleitung Hochbeet

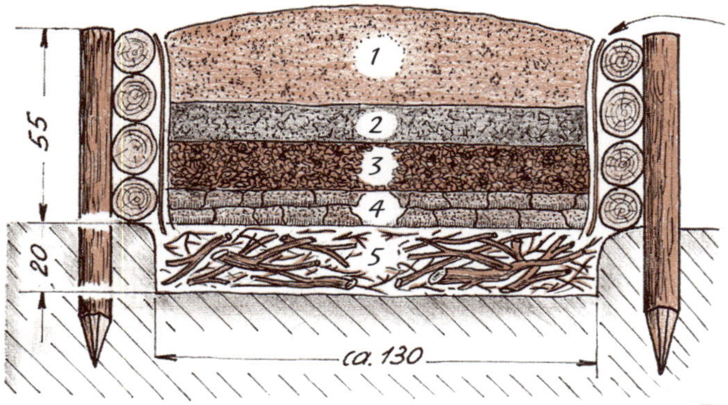

Folienschürze am oberen Holz angenagelt (verhindert Erdabschwemmungen bei Wolkenbrüchen und beim Gießen). Die Folie wird mit einem Draht im Abstand von ca. 10 cm durchlöchert

1 20 cm Gartenerde gemischt mit 20 % Reifkompost
2 10 cm Grobkompost
3 15 cm Laub
4 10 cm Grassoden (Grasnarbe nach unten)
5 20 cm Holz

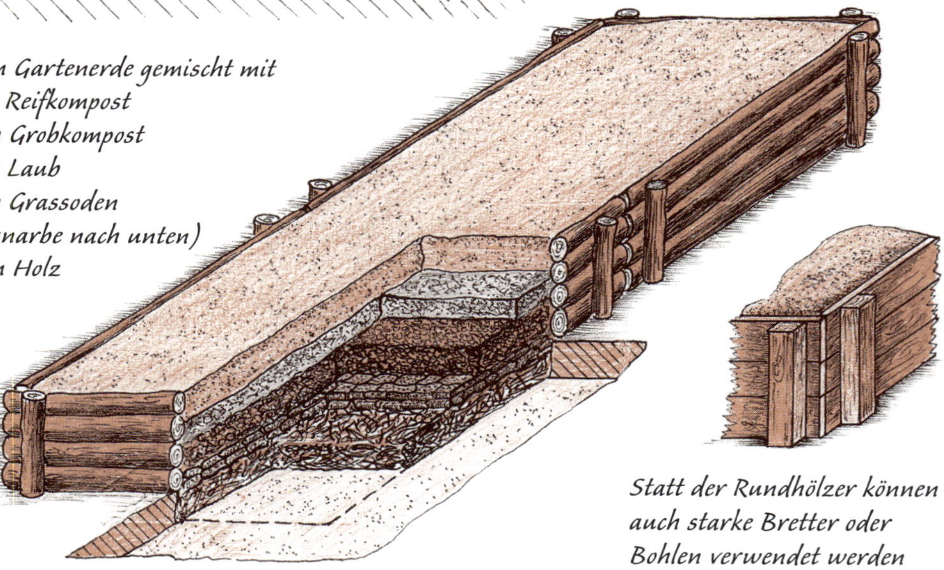

Statt der Rundhölzer können auch starke Bretter oder Bohlen verwendet werden

Da das Hochbeet in den ersten Monaten stark zusammensackt, sollte die oberste Schicht etwas hügelförmig aufgebracht werden

Die Verrottung des Hügelbeetkerns schafft im ersten Jahr eine Wachstumswärme wie in einem warmen Mistbeet, in den folgenden drei Jahren noch wie in einem kalten Frühbeet. Nach Lockerung des Bodens wird der Tunnel je nach Witterung Ende Februar bis Anfang März aufgestellt, der darunter liegende Boden erwärmt sich rasch, und nach einigen sonnigen Tagen kann gesät oder gepflanzt werden.

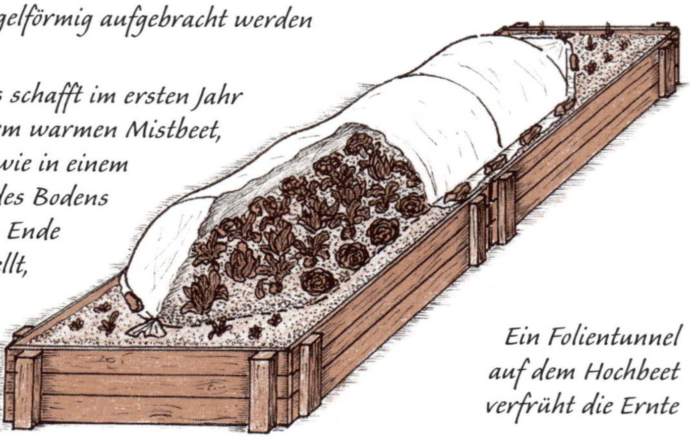

Ein Folientunnel auf dem Hochbeet verfrüht die Ernte

4. Gerüste für Pflanzen

Einige Nutzpflanzen wachsen stark und benötigen zum Abstützen oder als Rankhilfe ein Gerüst, eine Stange, Draht oder Reisig.
Manche Pflanzen schlingen sich von selbst um die Stützen, wie Stangenbohnen um die Stangen, andere müssen angebunden werden, z. B. Tomaten.

Erbsen und Gurken sind mit fadenartigen Klimmern versehen. Erbsen ergreifen damit von selbst den Draht. Gurken sollten angebunden werden.
Auch Him- und Brombeeren, Stachel- und Johannisbeerstämmchen bedürfen eines Gerüsts.

Himbeergerüste

Himbeeren stehen am besten an einem Gerüst, das in Nord-Süd-Richtung angelegt ist. Es gibt unterschiedliche Gerüstmodelle. Der Abstand von Pfosten zu Pfosten beträgt bei allen Gerüsten ca. 3 m. Alle Gerüstpfosten werden 50 cm tief in die Erde gesetzt.

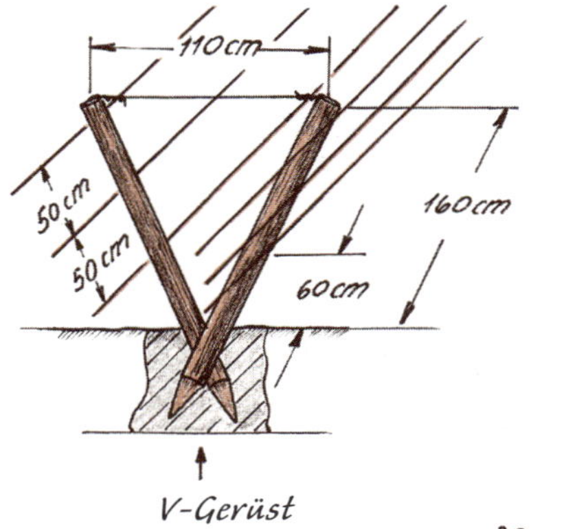

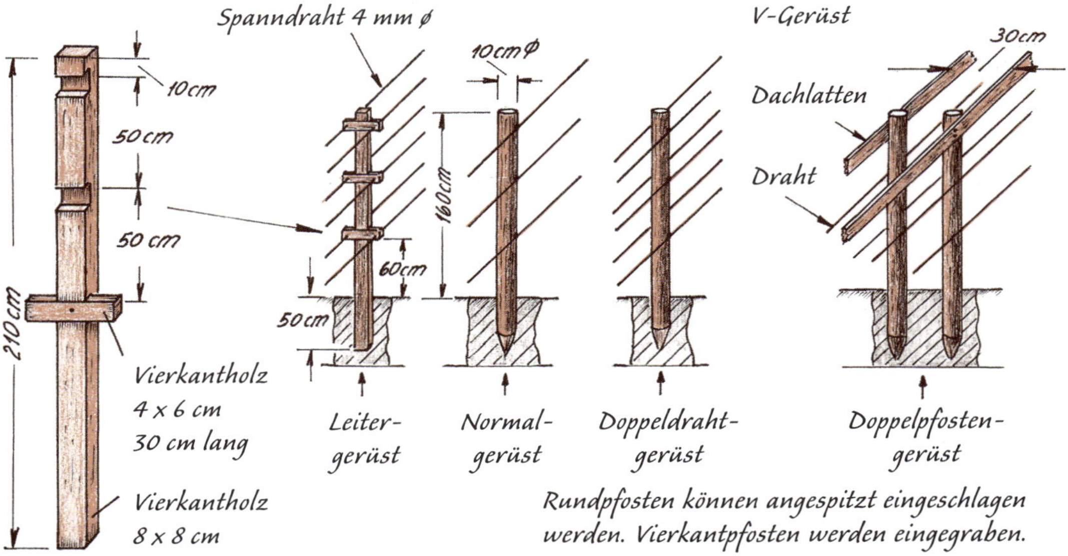

Rundpfosten können angespitzt eingeschlagen werden. Vierkantpfosten werden eingegraben.

Brombeergerüst

Die rankenden Brombeersorten treiben jährlich lange Ruten. Deshalb muss das Gerüst entsprechend hoch und stabil gebaut werden.

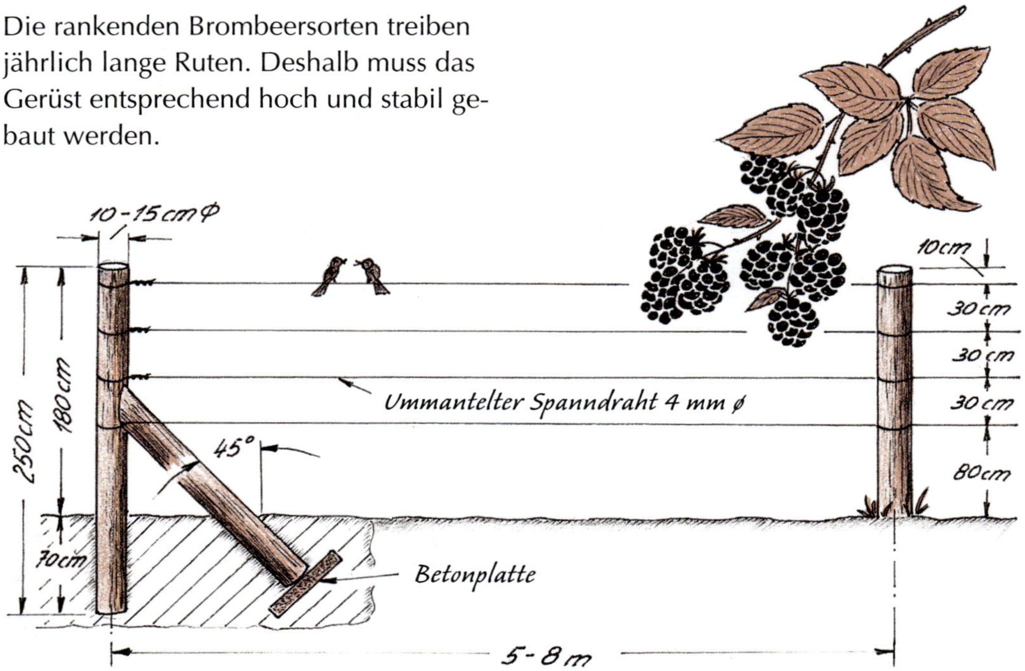

Stachel- und Johannisbeerstämmchengerüst

Hochstämmige Pflanzlinge sind sehr sturmgefährdet und brechen leicht ab. Sie brauchen einen Stützpfahl, besser noch ein Stützgerüst.

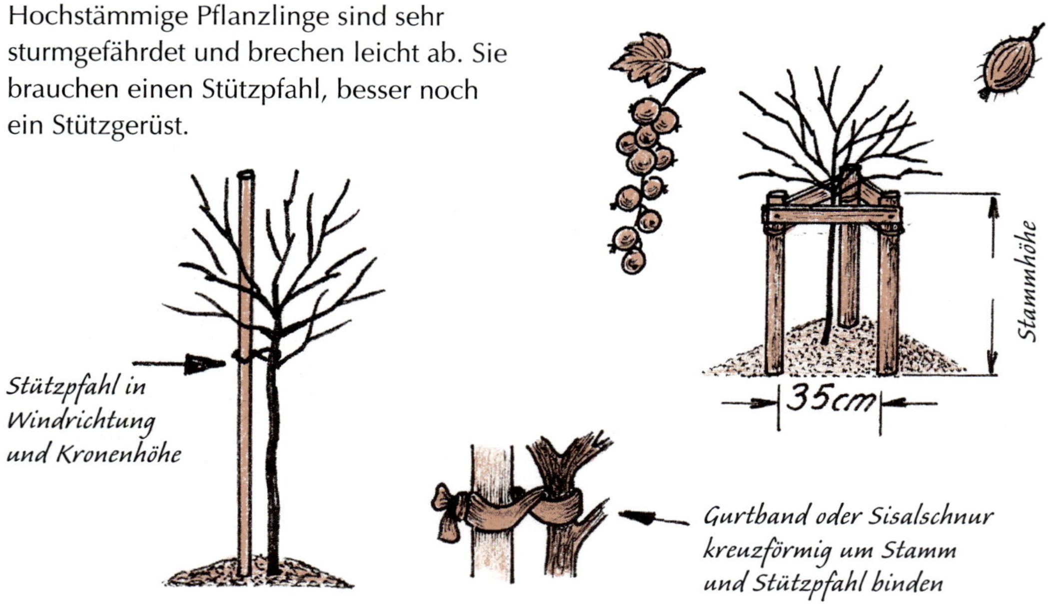

Tomatenstützen

Die heutige, in unseren Gärten angebaute Tomate ist die Zuchtform einer ursprünglich in Südamerika beheimateten Bergpflanze. Sie bringt viel mehr und auch bedeutend größere Früchte hervor als die Stammart.
Aus diesem Grund ist eine Stütze der Tomatenpflanze in irgendeiner Art erforderlich. Am einfachsten ist das Anbinden an einen Stützpfahl von etwa zwei Metern Länge, der vor dem Pflanzen 40 cm tief in die Erde geschlagen wird.
Das Anbinden wird jeweils kurz unter den Blütenständen vorgenommen. Zuerst wird das Flachband (Bast) so fest am Pfahl verknotet, dass es nicht verrutschen kann. Der Tomatenstamm wird dann nur locker in einer Schlaufe eingebunden.

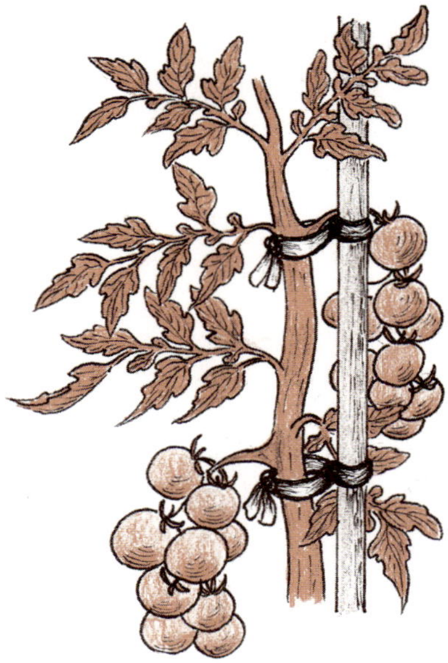

Tomatenpflanzen werden an Holzpfähle oder an im Handel erhältliche Welldrahtstäbe (rechts) locker angebunden. Das Band wird am Pfahl fest verknotet (links).

Erbsengerüste

Erbsen sind Kletterpflanzen. Sie gedeihen gut und bringen hohe Erträge, wenn ihnen eine Kletterhilfe zur Verfügung steht. Als Kletterhilfen eignen sich Reisig, Maschendraht und Schnüre oder Spanndrähte.
Bei der einreihigen Aussaat wird das Gerüst an der Seite angebracht, die dem Wind abgewandt ist. Dadurch werden die Pflanzen gegen die Kletterhilfe gedrückt und können sich gut anklammern. Bei der doppelreihigen Aussaat stellt man das Drahtgerüst mit den Pfosten zwischen den Reihen auf. Reisigstützen werden zeltförmig über die Pflanzen gesteckt.

Erbsenernte

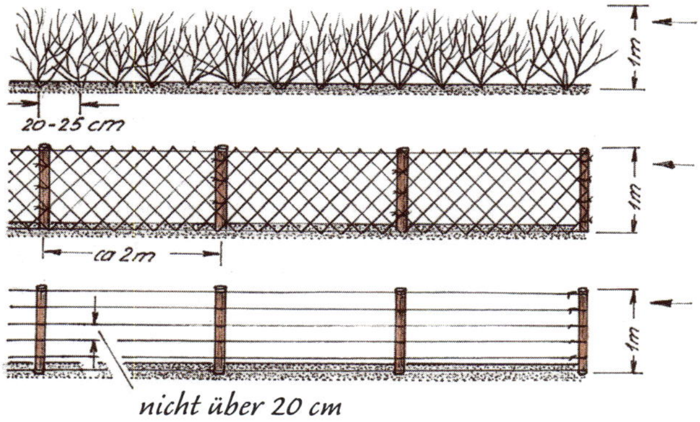

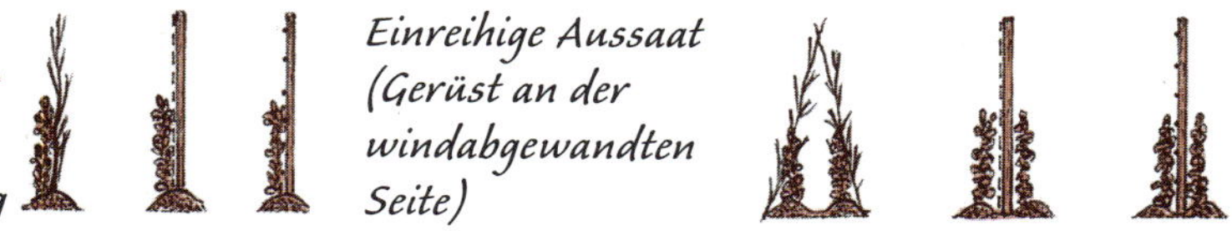

6 - 8 cm dicke und 130 cm lange Pfosten werden für das Gerüst 30 cm tief in die Erde geschlagen (Außenpfosten eventuell seitlich verspannen).

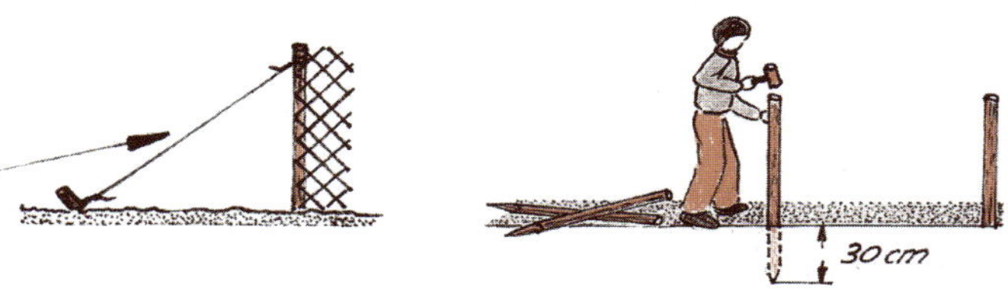

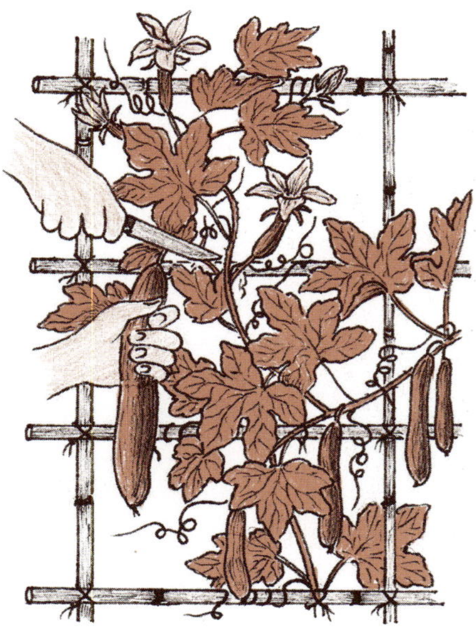

Gurken am Gerüst

Gurkengerüste

Auch Gurken wachsen gut an einem Klettergerüst. Besonders zu empfehlen ist eine Kletterhilfe für Schlangengurken, weil diese Früchte hängend besser gedeihen.

Das Gerüst kann aus Holz (Tonkingstäbe), Maschendraht oder einer Baustahlmatte errichtet werden.

Die Gurkenranken müssen von Sprosse zu Sprosse angebunden werden.

Im Frühbeetkasten können Gurken schon Ende April zwischen den verbliebenen Pflänzlingen ausgesät werden. Der humose Boden im Frühbeet ist für Gurken ideal. Später wird das Fenster abgenommen und ein Rankgerüst in den Kasten gesetzt.

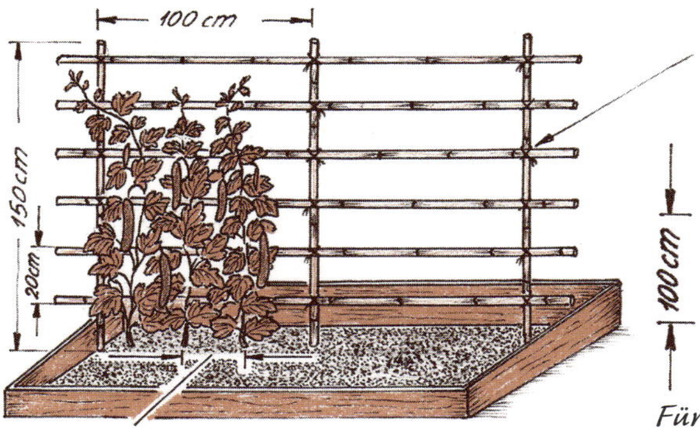

Pflanzenabstand am Gerüst 25 cm

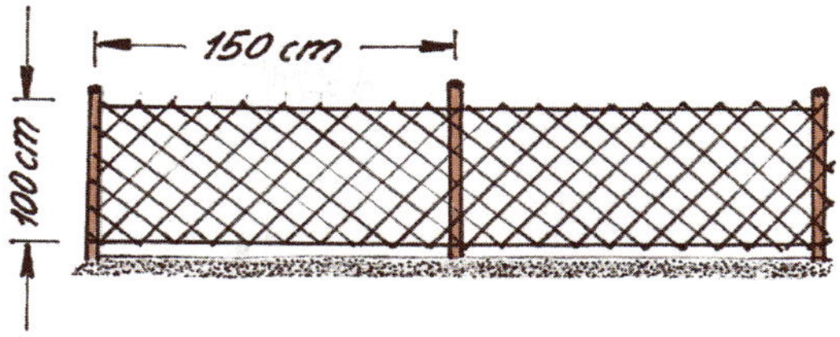

Für Einlegegurken reicht ein Klettergerüst aus breitmaschigem Zaundraht von 1 m Höhe aus, um die Früchte platzsparend, sauber und trocken heranzuziehen.

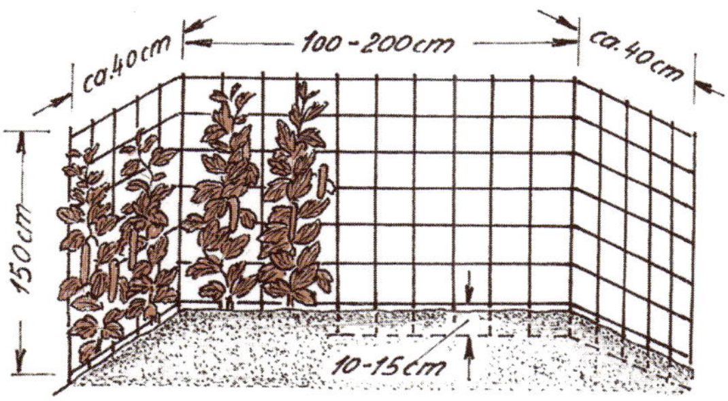

Wird eine Baustahlmatte seitlich abgeknickt (etwa 45°) und 10 - 15 cm tief in die Erde gesetzt, steht sie als Gerüst fest genug, um ohne Eckpfosten auszukommen.

Stangenbohnengerüste

Stangenbohnen werden drei bis vier Meter hoch und sind ohne Leiter kaum zu pflücken. Dies sollte bereits beim Stecken der Bohnenstangen berücksichtigt werden, d.h. der Reihenabstand wird so breit angelegt, dass eine Trittleiter dazwischen Platz findet. Es gibt mehrere Möglichkeiten, die Stangen zu stecken, wobei die Einzelstangenform die ertragreichste ist. Am einfachsten sind die Löcher für die Bohnenstangen mit einer Eisenstange herzustellen, indem diese etwa 40 cm tief in den Boden gestoßen wird. Die Stangen werden in die Löcher gesteckt und anschließend rundherum mit Erde verschlossen. Die Löcher lassen sich natürlich auch mit dem Spaten vorbereiten.

Die Fußbreite einer kleinen Trittleiter liegt zwischen 40 und 70 cm.

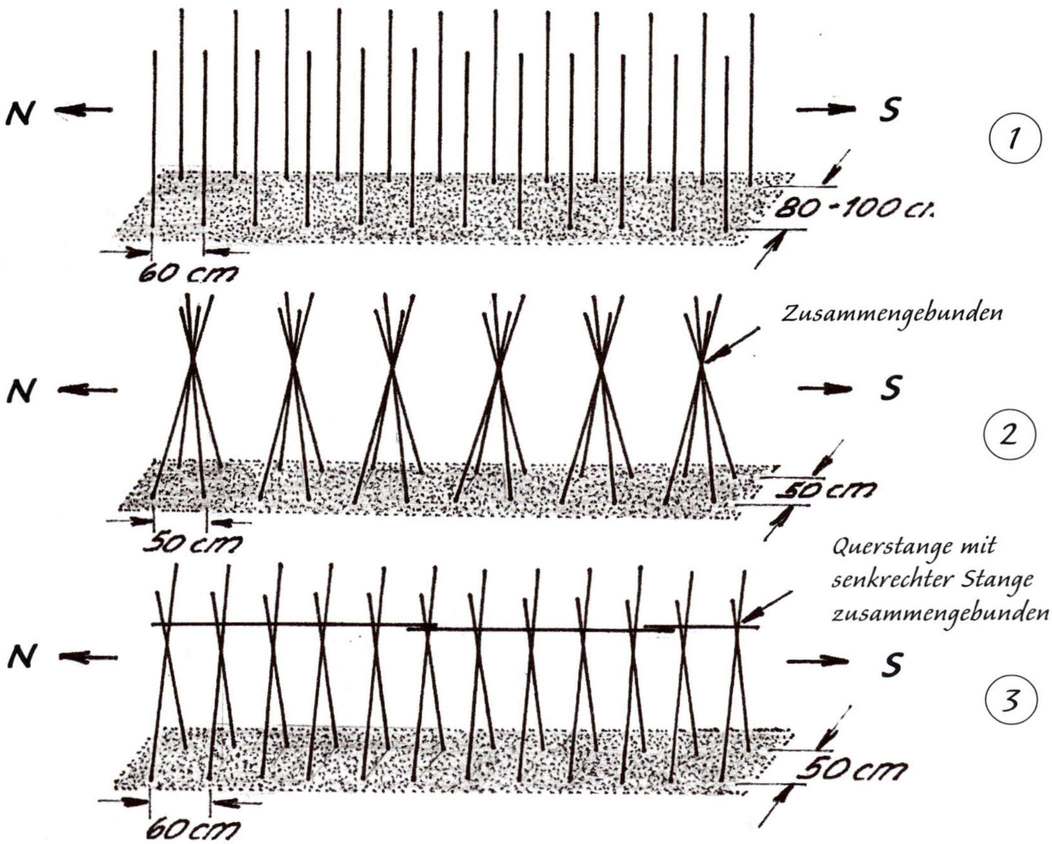

Runde Eisenstange für die Löcher der Bohnenstangen 30 - 40 cm tief in den Erdboden stoßen und das Loch kreisend erweitern.

Es gibt mehrere Möglichkeiten das Stangengerüst aufzubauen:

1 *Die Stangen werden einzeln etwa 60 cm voneinander aufgestellt, der Zwischenraum zwischen den Stangenreihen sollte 80 - 100 cm breit sein.*

2 *Jeweils 4 Stangen werden in Pyramidenform zusammengebunden, eine in Sturm gefährdeten Gebieten bevorzugte Form.*

3 *Schrägwandform*

5. Der Obstbaumschnitt

Ein gut geschnittener Obstbaum trägt mehr und gesündere Früchte. Deshalb sollen einige Grundlagen des Obstbaumschnittes hier erläutert werden. Ein praktischer Kurs, wie er z.B. an Volkshochschulen angeboten wird, ist aber darüberhinaus jedem zu empfehlen, der Obstbäume im Garten hat. Vielleicht läßt sich sogar der eigene Baumbestand zur Demonstration anbieten.

Für den Schnitt und die Pflege von Obstbäumen werden folgende Werkzeuge benötigt:

- Gartenschere: Sie schneidet Zweige bis zu 1,5 cm Dicke.
- Astschere: Sie schneidet dicke Zweige und dünne Äste bis etwa 4 cm Dicke. Auch für den Schnitt stacheliger Büsche wie Brombeeren und Stachelbeeren ist sie wegen der langen Griffe gut geeignet.
- Bügelsäge: Sie schneidet dickere Äste.Es ist wichtig, dass das Sägeblatt seitlich verstellbar ist, um auch in Astgabelungen gut sägen zu können.
- Stichsäge: Sie ist für schwer zugängliche Stellen unentbehrlich. Sägen für den Baumschnitt haben einen speziellen Schliff, um auch grünes, feuchtes Holz gut sägen zu können.
- Hippe: Sie wird zum Glätten der Ränder bei Sägeschnitten und zum Schneiden dünner Zweige, sowie zum Ausschneiden von Krebs- und sonstigen Schadwunden benutzt.

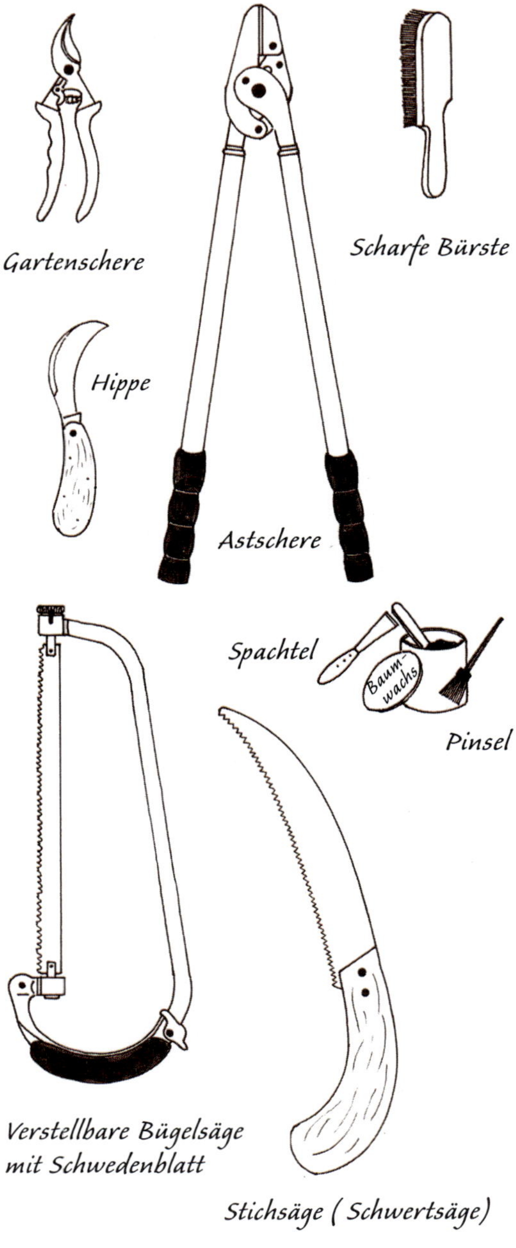

Werkzeug und Material für den Gehölzschnitt

Baumformen

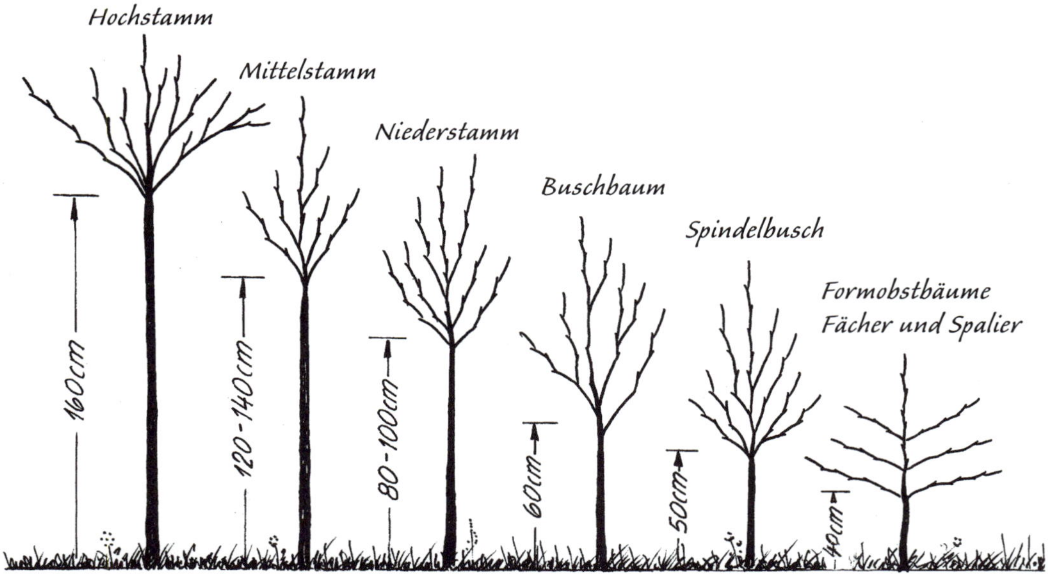

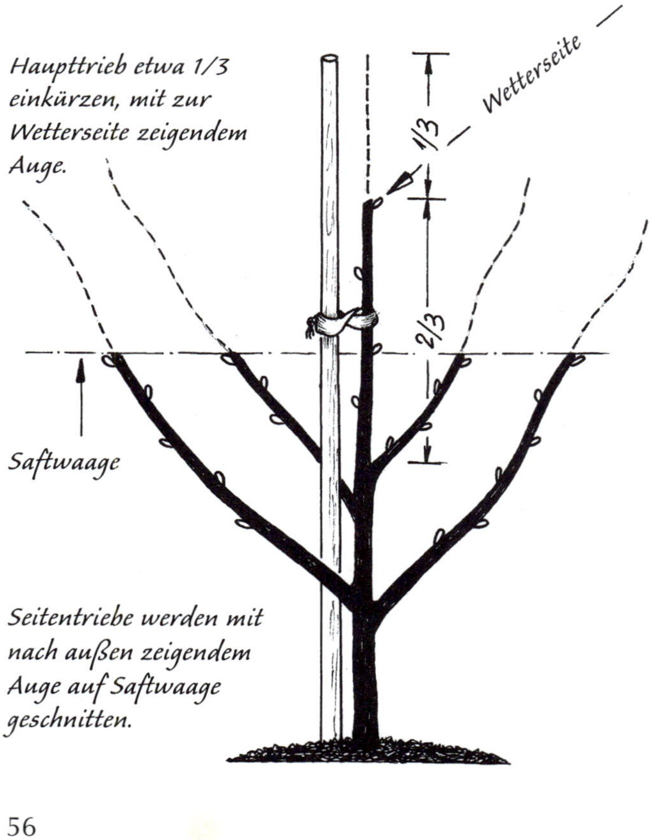

Pflanzschnitt

Der Pflanzschnitt wird bei der Herbst- und Frühjahrspflanzung im Frühjahr vorgenommen.

Kronenaufbau

Das Herunterbinden

Neben regelmäßigem Schnitt gehört bei jungen Bäumen das Herunterbinden oder -spreizen zur Erziehung in die gewünschte Form.

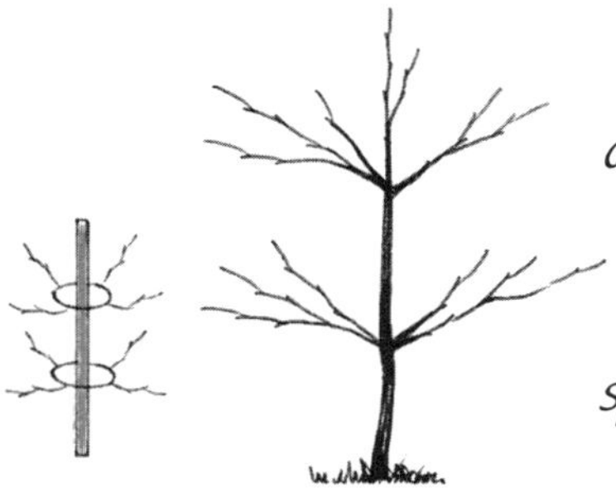

Quirlförmiger Leitastaufbau (links)

Spiralförmiger Leitastaufbau (rechts)

- Bürste: Sie eignet sich gut zum Reinigen der Stämme und Äste von Flechten, Moosen, loser Rinde und Eigelegen.
- Spachtel und Pinsel: Mit ihnen wird Baumwachs auf frische Sägeschnittwunden gestrichen.

Grundsätzlich ist zu beachten, dass ein starker Rückschnitt zwangsläufig zu einem starken Holzaustrieb führt, weil die wenigen verbliebenen Austriebsstellen unter dem Druck des Nährstoffstromes stehen und dadurch stärker und schneller wachsen. Diese meist unerwünschten Austriebe lassen sich im ersten Jahr, wenn noch keine Verholzung stattgefunden hat, einfach mit der Hand ausreißen. Im Sommer heilen Risswunden schnell. Bei schwachem Schnitt verteilt sich der Saftstrom auf viele Austriebsstellen, was zu einem geringeren Holzaustrieb führt.

Ebenso ist der Zeitpunkt des Schnittes von Bedeutung. Früher Winterschnitt führt zu kräftigem Wachstum, er ist deshalb für Bäume geeignet, die zum Wachstum angeregt werden sollen. Wird der Schnitt im späten Winter durchgeführt, haben die Bäume oft schon begonnen, die Nährstoffreserven aus den Wurzeln zu holen. Diese gehen dann beim Schnitt teilweise verloren. Ein später Schnitt eignet sich deshalb für Bäume, die in ihrem Wachstum gebremst werden sollen. Jegliche Schnittmaßnahmen dürfen nur bei Temperaturen über -4°C durchgeführt werden.

Nach dem Pflanzschnitt, bei dem die Krone etwa ein Drittel zurückgeschnitten wird und der das Gleichgewicht zwischen Wurzeln und Krone wieder herstellt, geht es beim jungen Baum darum, die Anordnung der Leitäste zu bestimmen.

Pflanzschnitt *Aufbauschnitt* *Ertragsschnitt* *Verjüngungsschnitt*

Durch das Herunterbinden oder -biegen wachsen die Äste nicht zu steil in die Höhe und treiben weniger aus, bilden aber schneller Fruchtholz mit Blüten. Am stärksten ist die Fruchtbildung an Zweigen, die im Winkel von 60° stehen.

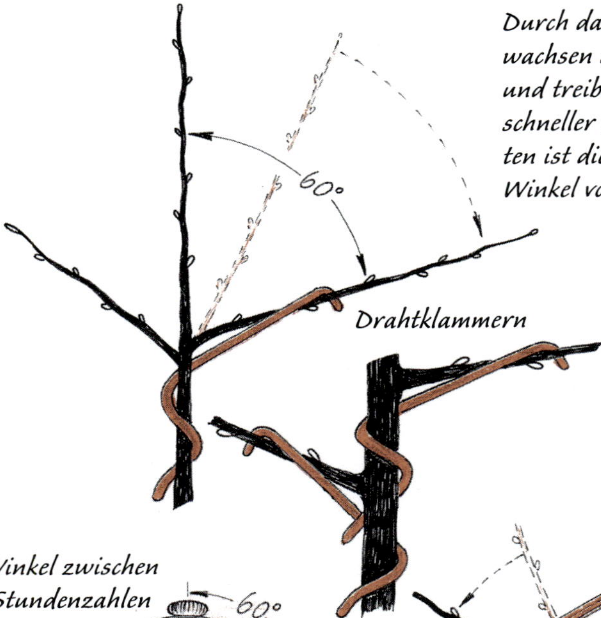

Der Winkel zwischen zwei Stundenzahlen beträgt 60°

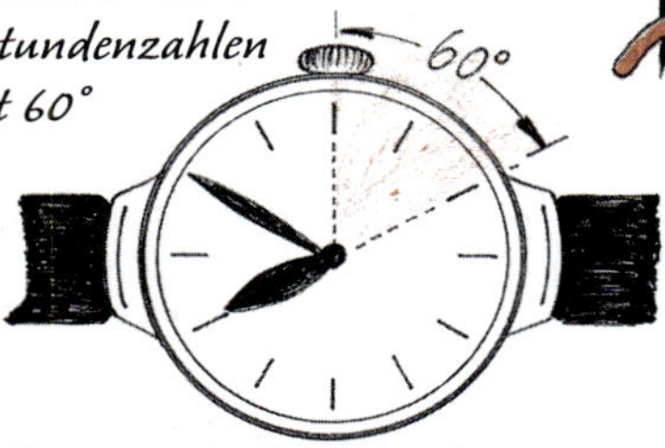

Mit Hilfe einer Uhr lassen sich genau 60° ablesen

Spreizhölzer

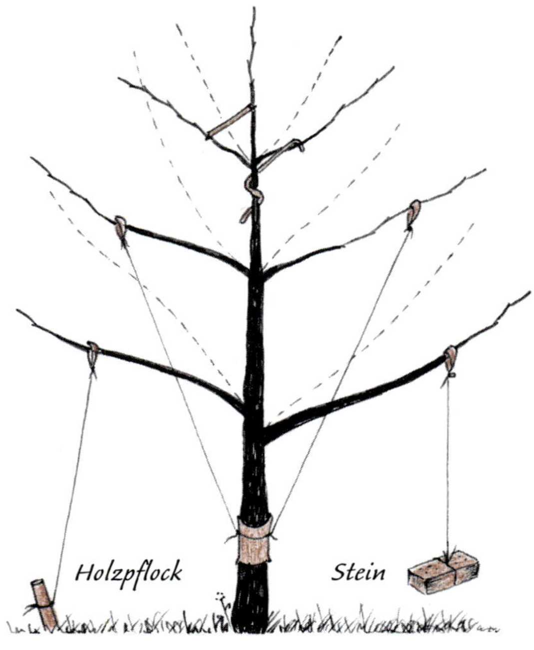

Zugschlaufe

Zugschlaufen werden aus alten Fahrraddecken oder ähnlichem Material gefertigt.

Drahtklammern schneiden und passend biegen. Sie lassen sich nur bei schwach verholzten, dünnen Zweigen einsetzen.

So können Busch- und Spindelobst zu frühzeitigem Ertragsbeginn angeregt werden.

Erziehungs- oder Aufbauschnitt

Die um den Stamm herumführende, unregelmäßige Anordnung von Leitästen kommt der Natur des Baumes näher als die quirlförmige Anordnung. Sie bietet außerdem mehr Licht- und Lufteinfall sowie größere Bruchsicherheit bei Fruchtbehang und Sturm. Alle 20 bis 30 cm kann ein Ast stehenbleiben. Zu steil stehende Äste können heruntergebogen oder gespreizt werden. Ein Winkel von 60° ist für die Neubildung von Fruchtholz ideal (siehe Abbildungen). Beim jährlichen Aufbauschnitt kommt es darauf an, den Baum zur ständigen Neubildung von Fruchttrieben anzuregen, d.h. schwachwachsende Sorten müssen viel weiter zurückgeschnitten werden als starkwachsende.
Der Mitteltrieb wird jährlich um 30 bis 40 cm zurückgeschnitten. Die zwischen den Leitästen wachsenden Fruchtruten kürzt man ein. Sie fruchten sehr früh und werden später, wenn die Fruchthölzer der Äste zu tragen beginnen, ganz entfernt. Alle nach innen oder nach oben wachsenden Triebe werden abgeschnitten. Auch Seitenäste, die zu lang herunterhängen, werden etwas gekürzt. Der Schnitt erfolgt immer etwas oberhalb einer Knospe. Ist der Abstand zwischen Knospe und Schnitt zu groß, vertrocknet die Triebspitze, bei zu knappem Abstand vertrocknet die Knospe und ein Teil der Triebspitze. Eingetrocknete Baumpartien sind ideale Brutstätten für schädliche Pilze und Schadinsekten. Der Schnitt lässt sich durch das Herunterbinden von ausgewählten Ästen und Zweigen ergänzen. Durch das Herunterbiegen wachsen die Äste nicht zu steil in die Höhe und treiben weniger aus, bilden aber schneller Fruchtholz mit Blüten. Am stärksten ist die Fruchtbildung an Zweigen, die im Winkel von 60° zum Stamm stehen. So kann Busch- und Spindelobst zu frühzeitigem Ertragsbeginn angeregt werden.

Apfelbusch (vor) und nach (unten) dem Aufbauschnitt

Ertrags- oder Erhaltungsschnitt

Jahrelang ungeschnittene Bäume sollten ausgelichtet werden. Wie beim Aufbauschnitt werden zunächst alle nach innen und steil nach oben wachsenden Äste entfernt. Ebenso muss sich kreuzendes Holz entfernt werden.
Von zwei gesunden, aber zu dicht und zu lichtundurchlässig stehenden Ästen wird der schwächere entfernt.
Entstehen größere Lücken in der Baumkrone, kann man durch Herunterbinden eines passenden Astes diese kahle Stelle füllen.

Apfelbusch vor (links) und nach (oben) dem Ertragsschnitt

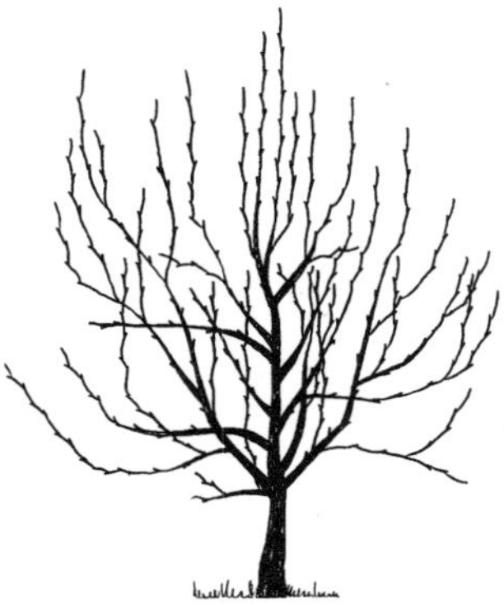

Birnenbusch vor (oben) und nach (rechts) dem Ertragsschnitt

Pfirsichbusch vor (oben) und nach dem Schnitt (rechts). Beim Pfirsich wird der Schnitt kurz vor oder kurz nach der Blüte vorgenommen.

Verjüngungsschnitt

Ist ein Baum alt, bilden sich zwar viele, aber nur kurze Triebe. Die Früchte sind zahlreich, aber klein. Bevor man glaubt, den Baum fällen zu müssen, kann man es nochmal mit einem Verjüngungsschnitt versuchen. Alle abgestorbenen und zu dicht stehenden Äste werden entfernt. Ebenso sich kreuzendes, nach innen oder nach unten wachsendes Holz. Die Verjüngung erfolgt durch Einkürzen der Äste bis ins alte Holz, wobei hier die Wachstumsrichtung auf junges, eher aufrecht wachsendes Holz abgeleitet wird. In den folgenden zwei bis drei Jahren ist ein sorgfältiger Aufbauschnitt notwendig. Pfirsich und Aprikose können nicht verjüngt werden. Für Spindeln lohnt sich wegen der recht kurzen Lebensdauer der Aufwand einer Verjüngung nicht.

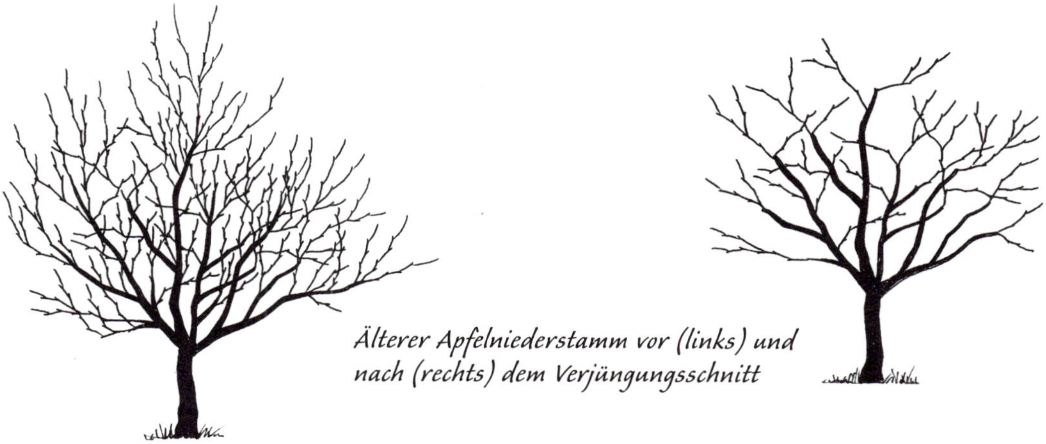

Älterer Apfelniederstamm vor (links) und nach (rechts) dem Verjüngungsschnitt

Steinobstschnitt

Steinobst benötigt eine besonders lichte Krone, denn bei Steinobst findet die Befruchtung durch Windbestäubung statt. Wird Steinobst im Sommer gleich nach der Ernte beschnitten, ist die Gefahr von Harzfluß gering. Wichtig ist, dass alle moniliaverdächtigen Triebe entfernt werden. Monilia (Spitzendürre) läßt sich im Sommer leicht an den vertrockneten Triebspitzen, Blättern und Früchten erkennen.
Bei Schattenmorelle und Pfirsich werden die abgetragenen Triebe bis zum Ersatztrieb weggeschnitten, die jungen Triebe um ein Drittel gekürzt. Schattenmorellen und Pfirsich fruchten am einjährigen Holz. Man erkennt schon im Frühjahr den Unterschied zwischen Blatt- und Blütenknospe. Blattknospen sind eher spitz, Blütenknospen eher rundlich. Beim Pfirsich ist besonders auf die Art der Knospen zu achten. Alle Zweige mit Dreierknospen werden stehengelassen. Dies sind die tatsächlichen Fruchttriebe. Alle anderen Triebe haben entweder nur Blatt- oder Blütenknospen.

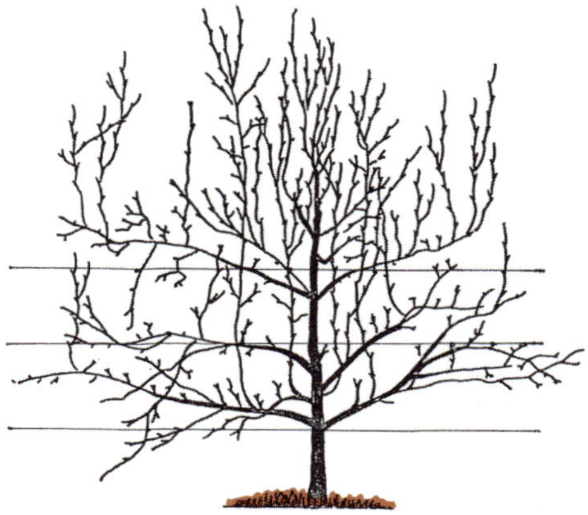

Birne (Williams Christ) vor dem Schnitt. Seitentriebe fast zu flach gebunden.

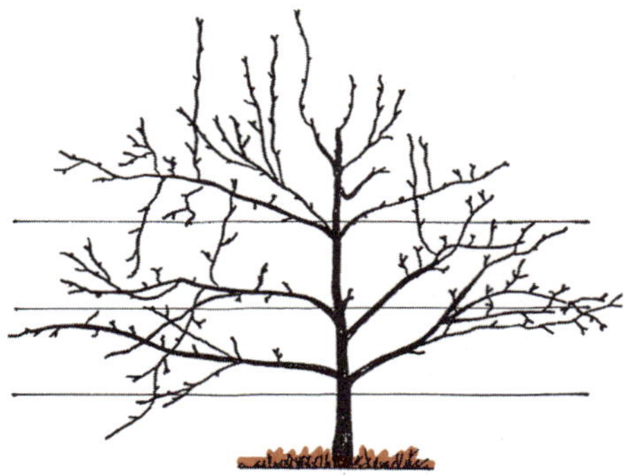

Nach dem Schnitt. Aufrechte Triebe entfernt. Verkahlung in Stammnähe soll durch scharfen Schnitt der Stammverlängerung überwunden werden (soll unten zu Neutrieb führen). Nach der Ernte werden weitere Zweige entfernt.

Sauerkirsche vor (oben) und nach (links) dem Auslichtungsschnitt

Weichsel-, Süßkirschen, Pflaumen und Aprikosen werden nicht so radikal geschnitten. Bei ihnen genügt ein nach den Regeln des Erziehungsschnittes durchgeführter Kronenaufbau. Wenn die Erträge nachlassen, vertragen fast alle Steinobstarten einen Verjüngungsschnitt.

Vom Absägen eines Astes

Um einer Beschädigung der Rinde durch Ausreißen vorzubeugen, müssen besonders die dickeren Äste mit einem dreifachen Schnitt abgesägt werden. Schnittwunden sind immer mögliche Eintrittspforten für Krankheiten. Damit die Wunden schneller heilen, wird der äußere Schnittwundrand mit der Hippe nachgeschnitten und geglättet. Anschließend wird die ganze Schnittfläche mit Baumwachs eingestrichen.

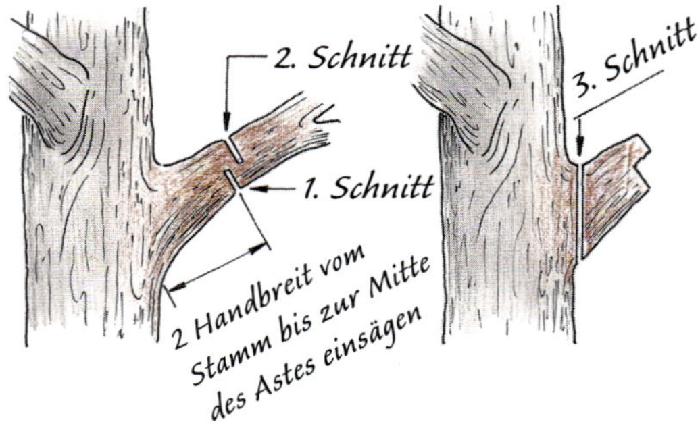

An- und Absägen eines Astes

Das Schneiden mit der Gartenschere: Die Schere wird von unten gegen den Trieb geführt. Andersherum reißt der Trieb an der Schnittfläche leicht aus.

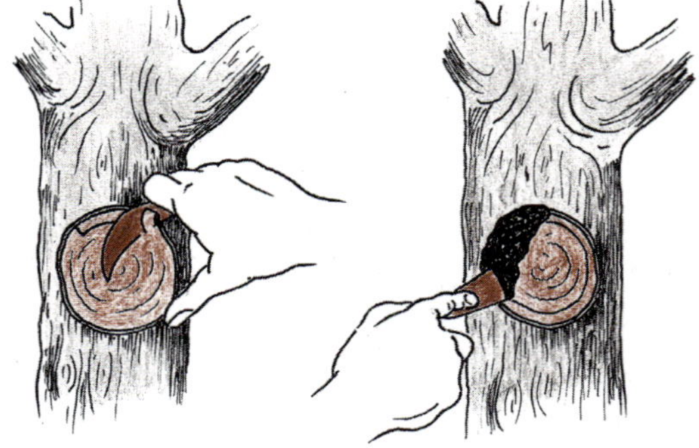

Zur schnellen Verheilung eines Sägeschnittes wird der äußere Schnittwundrand mit der Hippe nachgeschnitten und geglättet.

6. Vom Lagern und Konservieren

Nicht nur für den Sommer versorgt uns der eigene Garten mit Gemüse und Obst. Auch für den Winter kann vorgesorgt werden. Vieles läßt sich einfach einlagern und konservieren, auch ohne Tiefkühltruhe oder Einkochgläser. Zur Lagerung sollte nur einwandfreies Erntegut verwendet werden, das an trockenen Tagen geerntet wurde, denn jeglicher Mangel beeinträchtigt die Haltbarkeit erheblich.

Eine gute Lagerhaltung zeichnet sich aus durch

- Verzicht auf chemische Hilfsmittel und Zucker;
- Erhalt von Vitaminen und Mineralstoffen soweit wie möglich;
- Verzögerung von Abbauprozessen;
- Geringer Energieverbrauch.

Die Lagerung im Keller

Die idealen Kellerräume zum Einlagern haben gute Lüftungsmöglichkeiten, sind zum Heizungskeller hin gut isoliert und haben zumindest teilweise einen offenen Boden zum Erdreich hin. Beim Neubau eines Hauses kann ein solcher Lagerkeller mit Naturkühlung von vorneherein eingeplant werden. Doch auch nachträglich ist es oftmals möglich, einen zu warmen und zu trockenen Kellerraum in einen für die Obst- und Gemüselagerung geeigneten Überwinterungsort umzubauen .
Besser als ein größerer Lagerraum sind zwei kleinere Räume, denn Obst nimmt leicht die Gerüche von Gemüse und Kartoffeln an. Äpfel und Birnen liegen gut in Regalen mit Zugschubladen, dort lassen sich die Früchte durch Vorziehen der Schübe einfach kontrollieren (Bauanleitung siehe Seite 64). Wer mehr Obst lagern möchte, kann das Regal auch noch zwei bis drei Etagen höher bauen. Die gewünschte Lagertemperatur von 2-6°C kann durch Öffnen oder Schließen der Fenster reguliert werden. Um das Schrumpfen zu vermeiden, sollten in trockenen Kellerräumen Gefäße mit Wasser aufgestellt werden. Ist der Keller nicht zu trocken, können gesunde Kohlköpfe auch hängend aufbewahrt werden.

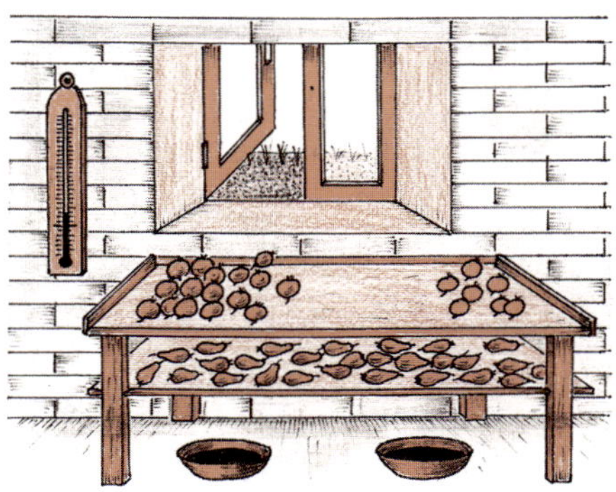

Höhere Luftfeuchtigkeit im Keller durch Gefäße mit Wasser

Bauanleitung Obstregal

Lagermöglichkeit für 1,5 Zentner mittelgroße Äpfel

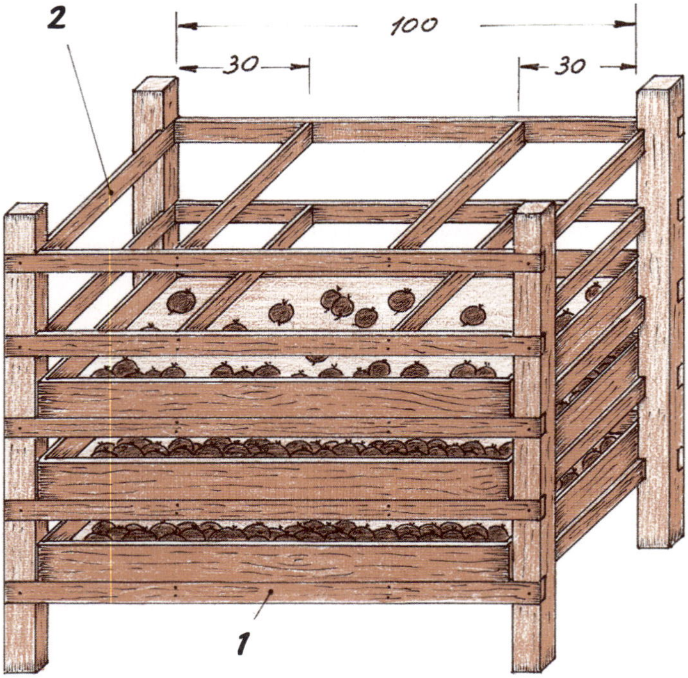

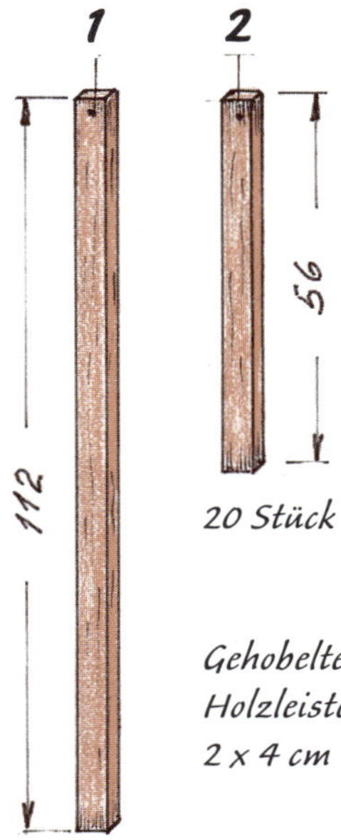

Gehobelte Holzleisten 2 x 4 cm

Maße in cm

Äpfel lagern auf dem Stiel

Birnen auf der Seite

Schubladen aus 2 cm dicken Brettern

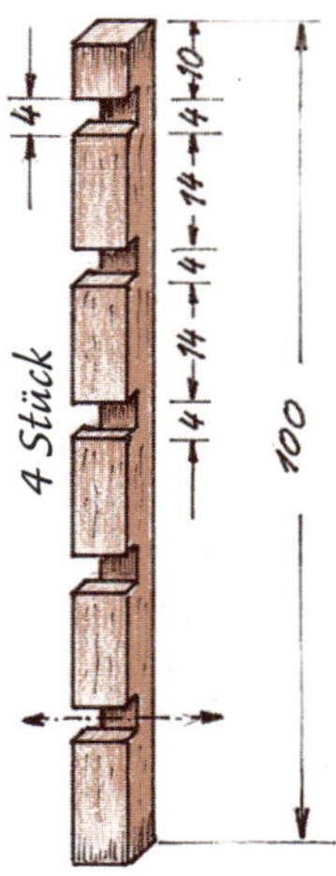

Eckpfosten

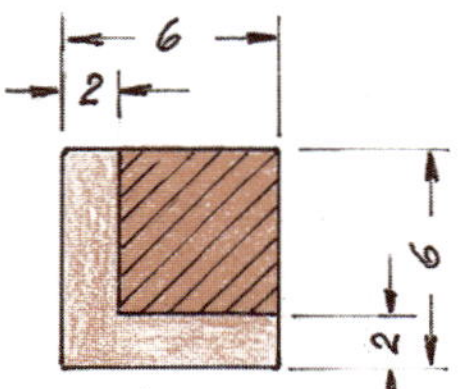

Schnitt A-B

Jede Schublade fasst 15 kg Äpfel nebeneinanderliegend.

Zur besseren Übersicht und Kontrolle des Lagergutes sind die einzelnen Fächer ausziehbar.

Bei einem Mehrbedarf an Obst kann das Regal auch entsprechend höher gebaut werden.

Bauanleitung Kartoffelkiste

Die hier abgebildete Kartoffelkiste hat ein Fassungsvermögen von 3,5 Zentnern. Sie kann für weniger Kartoffeln entsprechend niedriger gebaut werden.

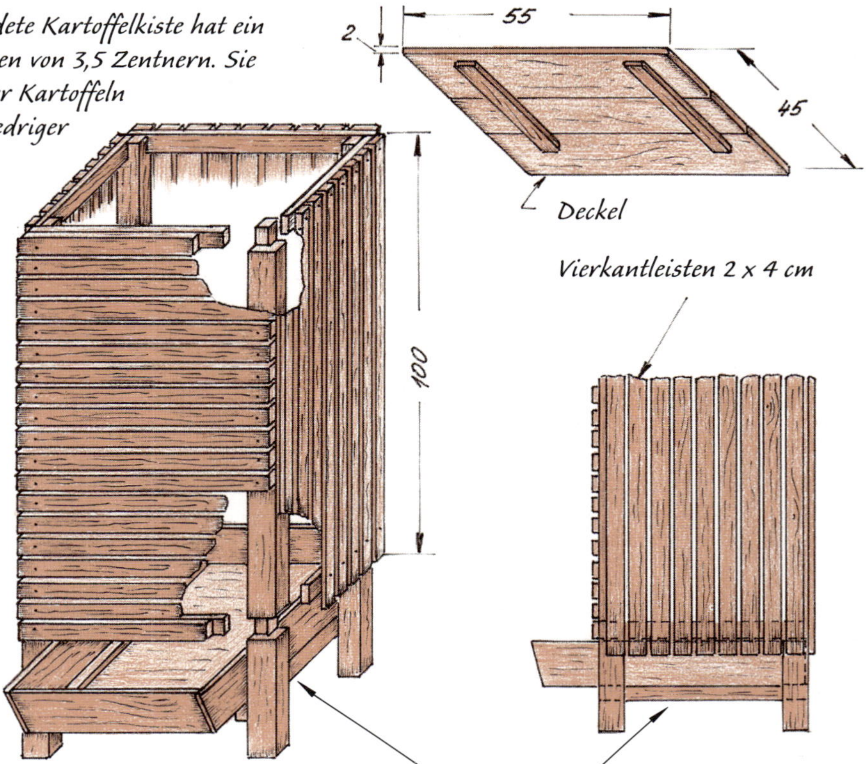

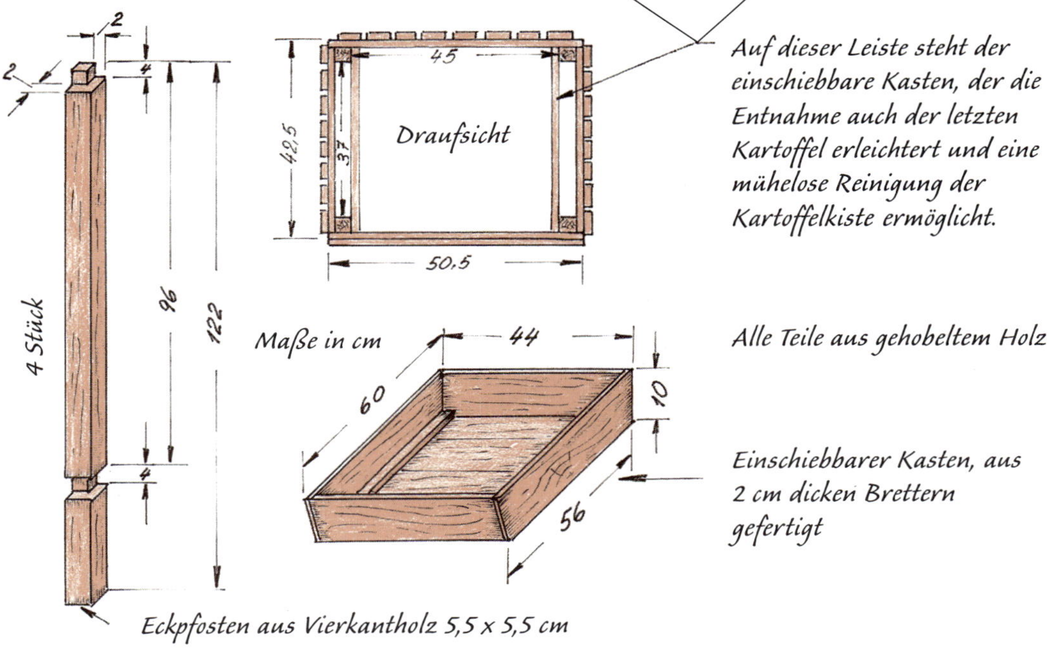

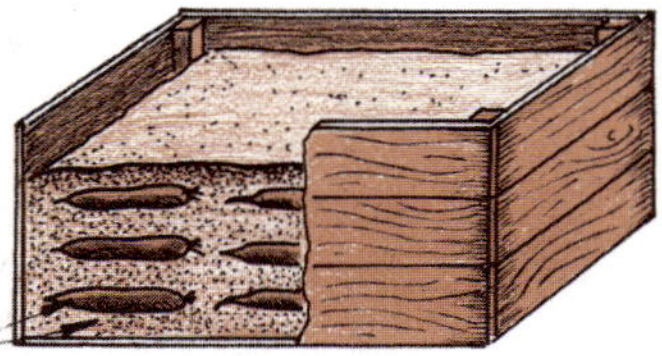

Möhren und leicht angefeuchteter Sand schichtweise gepackt

Kopfkohl kann hängend aufbewahrt werden

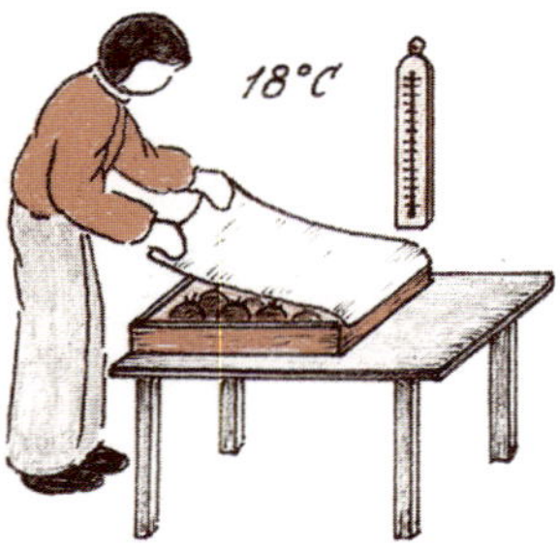

Tomaten können mit der ganzen Pflanze nachreifen (oben) oder einzeln, wenn sie in flachen Kisten dunkel gelagert werden (oben)

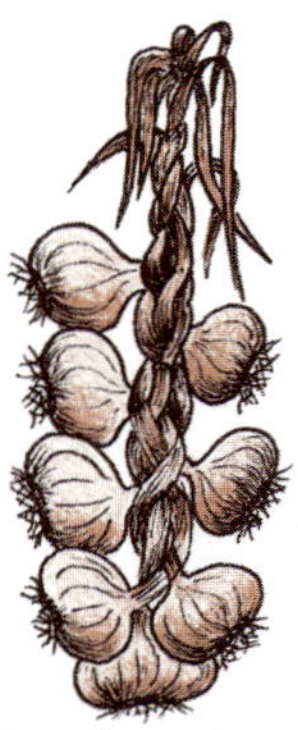

Knoblauch und Zwiebeln werden gebündelt hängend aufbewahrt

Kartoffeln brauchen Dunkelheit

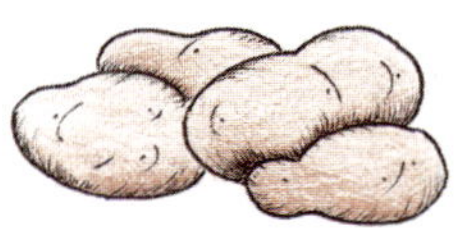

Einlagern in Sand

Eine weitere gute Art, Gemüse einzulagern, besteht darin, Wurzelgemüse zwischen Schichten von leicht angefeuchtetem Sand zu packen. Der Sand darf auf keinen Fall nass sein, das würde Fäulnis am Lagergut zur Folge haben. Eine Beimischung von 2% Gesteinsmehl zum Sand beugt Schimmel- und Bakterienerkrankungen vor. Vor allem Möhren, aber auch Pastinaken, Sellerie und Steckrüben können so lange frisch gehalten werden.

Sonstige Lagermöglichkeiten

Bevor der erste Frost die letzten Tomaten beschädigt, sollten sie in Sicherheit gebracht werden. Kopfüber ohne Wurzel aufgehängt reifen hellrote Früchte noch aus. Einzelne Früchte, die schon etwas vom Grün verloren haben, aber noch nicht rot sind, können dunkel gelagert in flachen Kisten (mit Papier abdecken) bei Zimmertemperatur nachreifen. Tomaten aus dem eigenen Garten lassen sich so noch frisch bis in die Adventszeit genießen, vorausgesetzt, die Pflanzen waren gesund.

Knoblauch kann man, zu Zöpfen geflochten, hängend aufbewahren. Zwiebeln werden in Bündeln aufgehängt. Zwiebeln vertragen leichte Fröste, sollten aber im gefrorenen Zustand nicht berührt werden. Kartoffeln werden am besten in speziellen Lagerkisten gelagert, bei denen die Kartoffeln von unten entnommen werden, so dass die Kartoffeln von oben nachrutschen (Bauanleitung für eine Kartoffelkiste siehe Seite 65). Allein schon durch diese Bewegung wird die Keimung verzögert. Kartoffeln dürfen nicht unter +4°C lagern und brauchen eine dunkle Kellerecke.

Überwinterung im Freien

Für klimatisch günstige Gegenden mit nur mäßigen Frösten ist die Überwinterung im Freien möglich. Wurzelgemüse wie Möhren und Sellerie können gut mit Tannenreisig abgedeckt auf den Beeten bleiben. Laub wärmt noch besser, liegt aber so dicht, dass leicht Fäulnis auftritt. Achtung! Mäuse finden an dem Gemüse Gefallen, das ihren im Winter eher mageren Speiseplan bereichert. Deshalb sollte alles geerntet werden, wenn sich erste Fraßspuren finden.

Einlagern im Frühbeet

Blattgemüse wie Endivien, Zuckerhutsalat, Lauch oder Fenchel werden dicht nebeneinander in die Erde des Frühbeetes eingeschlagen. Die Pflanzen sollen an den Blättern trocken sein, damit keine Fäulnis entsteht. Bei ersten, leichten Frösten werden zunächst die Frühbeetfenster geschlossen. Bei weiter fallenden Temperaturen (unter 5°C) werden Bretter darüber gelegt.

Erdkeller

Erdkeller sind eine Verbesserung der althergebrachten Erdmieten. Bei der Planung sollte unbedingt der Grundwasserstand, der während einer Regenperiode eintritt, berücksichtigt werden.
Wird der Erdkeller unter den Boden eines Schuppens, einer Scheune oder eines Gartenhäuschens gebaut, hat das den Vorteil, dass man den ganzen Winter über trockenen Fußes Vorräte entnehmen kann, was bei einem Erdkeller im Freien bei anhaltendem Frost oder starkem Schneefall nicht möglich ist.
Erdkeller können in beliebiger Größe gebaut werden. Auch hier ist es wieder vorteilhaft, zwei getrennte Erdkeller anzulegen, einen für Gemüse und Kartoffeln und den zweiten für Obst.

Eingegrabene Behälter

*... sind eine sehr einfache und preiswerte Art, Gemüse frisch und saftig zu halten.
Der aus der Erde heraus ragende Rand wird ringsherum mit Löchern von 4 - 6 mm Durchmesser versehen. Bei großer Kälte wird oben mit Stroh oder Laub abgedeckt.*

Wintereinschlag von Kopfkohl im Frühbeet

Soll Kopfkohl im Frühbeet gelagert werden, muss man ihn in Erde einschlagen. Die Erde darf aber nicht zu nass sein. Dort hält sich Kohl bis zum März frisch. Auch Gewächshäuser sind zur Einlagerung von Gemüse für den Winter geeignet.

Die Wurzel wird entfernt. Der Strunk bleibt ca. 15 cm erhalten.

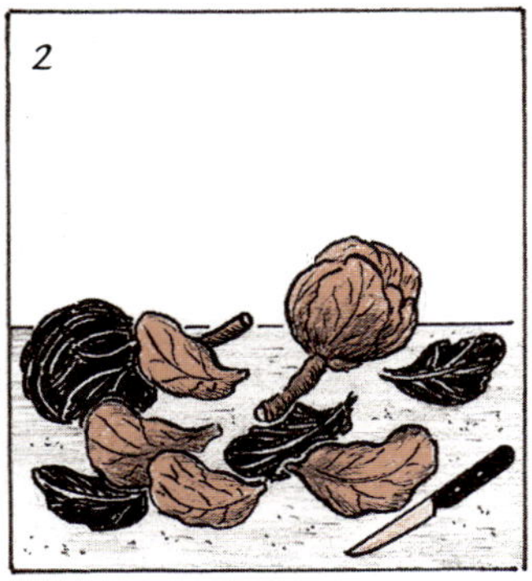

Die äußeren und alle beschädigten Blätter werden ebenfalls entfernt.

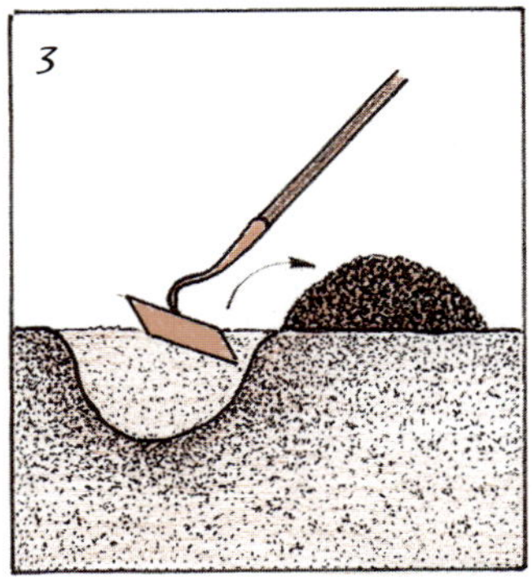

Mit einer Hacke wird eine Furche in Kohlkopfgröße gezogen.

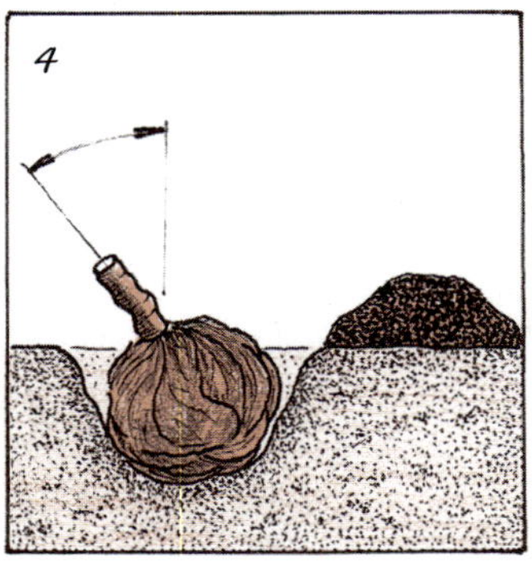

Der Kohlkopf wird etwas schräg eingelegt ...

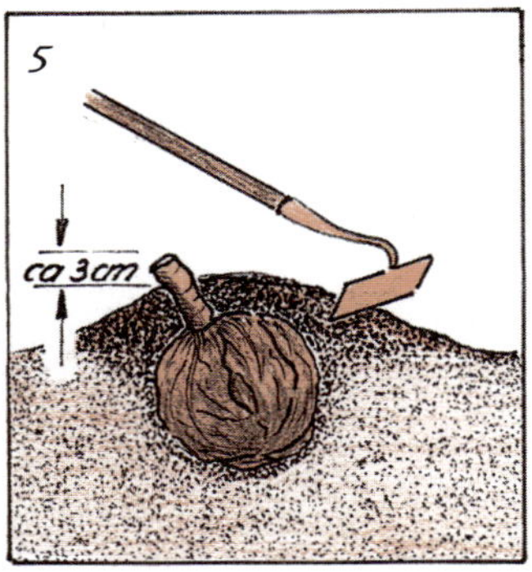

... und mit Frühbeeterde abgedeckt.

Als Frostschutz wird das Frühbeetfenster aufgelegt.

Bei sandigen Böden kann der Kohl auch im Freiland auf diese Art überwintern. Er muss allerdings zusätzlich mit Reisig abgedeckt werden. Nur besteht hier in sehr nassen Wintern die Gefahr des Faulens.

Bauanleitung für einen einfachen Erdkeller

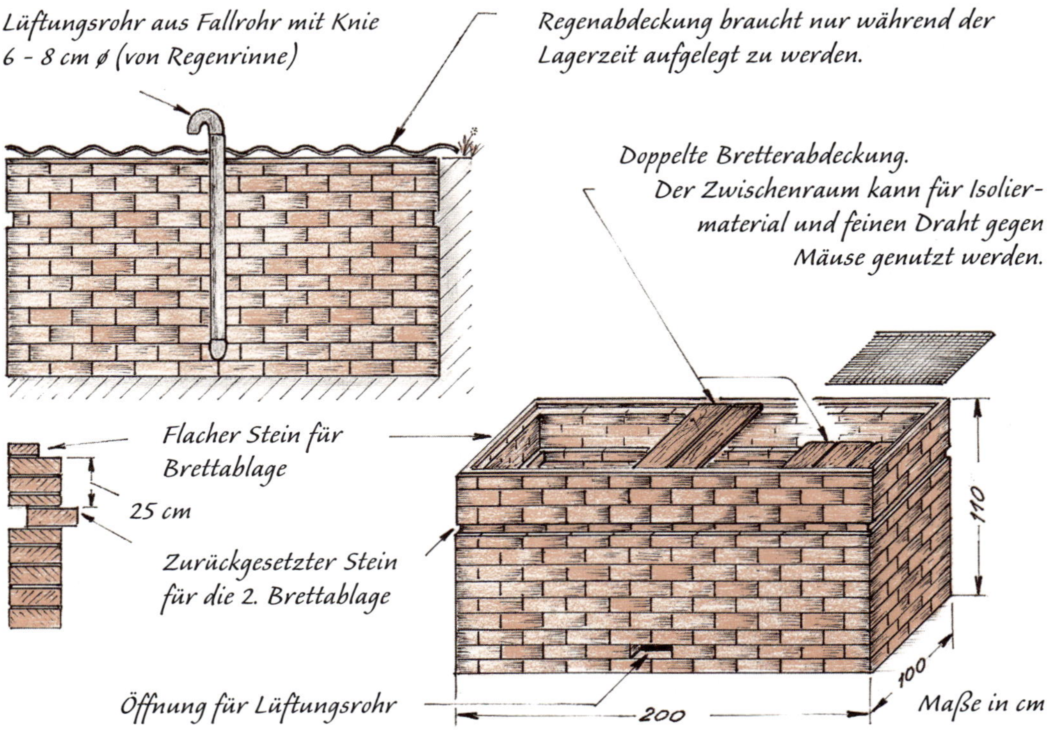

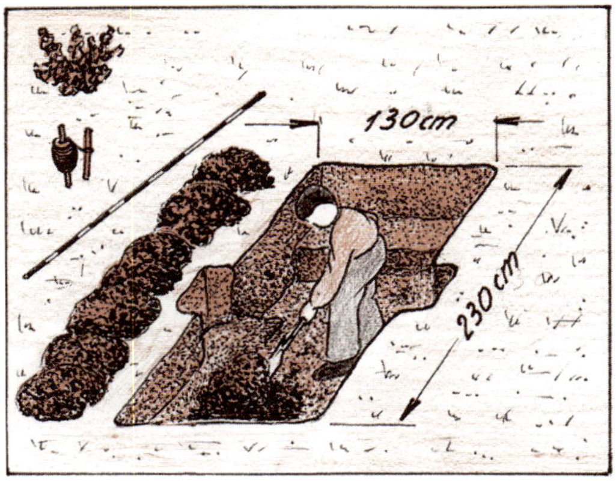

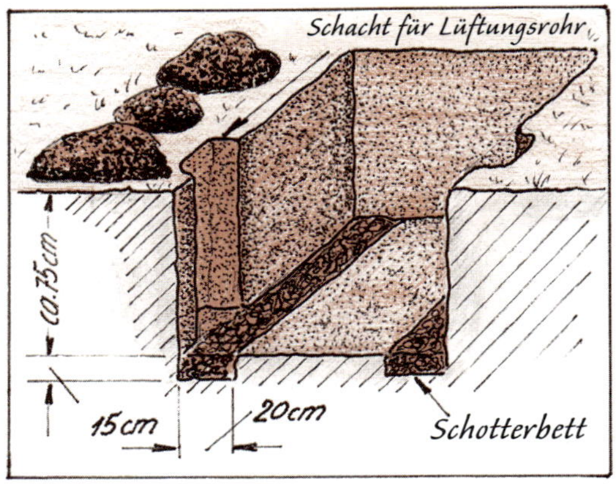

Für den Erdkeller wird eine Grube ausgehoben.
Sie braucht nur 75 cm tief zu sein, weil der Erdaushub angefüllt werden kann.
Für die Lüftungsrohre werden zwei Schächte vorgesehen.
Das Mauerwerk sollte auf einem festgestampften und mit Sand waagerecht abgezogenen Schotterbett ruhen.

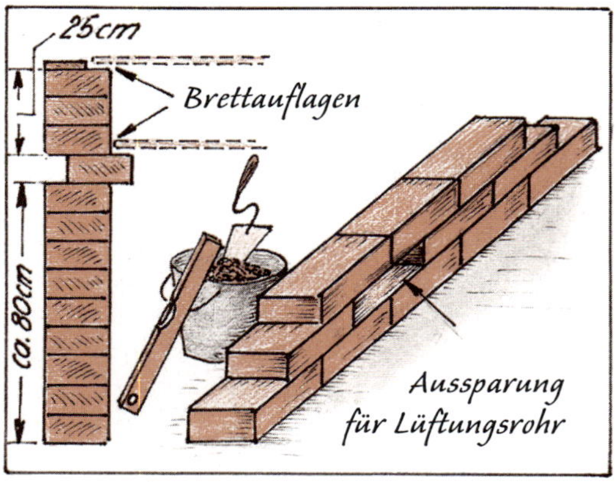

Als Steine sind am besten die hartgebrannten Kanalklinker geeignet. Sie sind sehr haltbar und werden vorwiegend für Bauprojekte benutzt, die sich in der Erde befinden.
Bei den Maurerarbeiten die Öffnung für das Lüftungsrohr aussparen und die Brettauflagen berücksichtigen. Wasserwaage und Zollstock öfters anlegen und nachmessen.
Steht nun die Mauer nach den vorgegebenen Maßen , kann das Lüftungsrohr eingepasst werden.

Der Erdaushub wird bis zum oberen Kellerrand angefüllt, so dass ein kleiner Hügel entsteht, dadurch läuft das Regenwasser gut ab.

Der Hügel darf bis zum Kellerrand bepflanzt werden. Es können nun die Bretter aufgelegt werden, und der Keller ist fertig.

Eine dreistufige Leiter erleichtert den Ein- und Ausstieg. Sie kann im Keller verbleiben.

Regale an der Vorder- und Rückseite des Kellers ermöglichen eine übersichtliche Vorratshaltung.

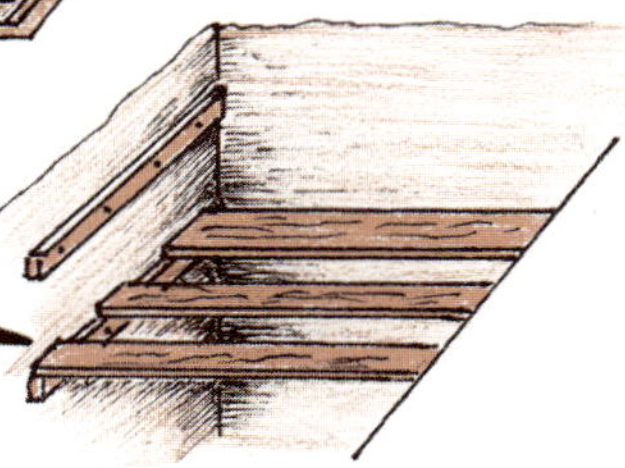

Als Abdeckung dienen ca. 2 cm dicke, ungehobelte Bretter. Sie sollen dicht in der Auflage liegen.
Damit sie gut herausgenommen werden können, wird am ersten Brett jeder Lage eine Schlaufe angebracht (Leder o.ä.).

Konservierung durch Trocknen

Kräuter, die im Juni und Juli geerntet werden, können, in Bündeln zusammengebunden, unter einem Dachüberstand oder auf dem Dachboden trocknen. In dieser Jahreszeit genügt die Umgebungstemperatur zum Trocknen völlig aus.

Beim Trocknen ist der Vitamin- und Mineralstoffverlust vergleichsweise gering, wenn eine Temperatur von 40 bis 60°C eingehalten werden kann, bei höheren Temperaturen gerinnt das Eiweiß, und der Vitaminverlust ist hoch. Darum ist das Trocknen im Backofen auch bei geöffneter Tür nicht zu empfehlen, denn dort steigen die Temperaturen schnell auf 70°C und mehr.

Die Herbsternte von Kräutern (überschüssige Petersilien- und Sellerieblätter inbegriffen) sollte man in einem Trockengerät trocknen. Wer viel Obst und Gemüse trocknen will, für den wird es sich lohnen, selbst einen geräumigen Trockenschrank zu bauen (Bauanleitung siehe Seite 73). Apfelringe und Zwetschen können darin ebenso gut getrocknet werden, wie Tomatenscheiben. Gemüse wie Möhren, Sellerie und ähnliche schmecken getrocknet sogar viel besser als tiefgefroren (getrocknetes Gemüse vor dem Kochen einweichen).

Nach dem Trocknen wird das Trockengut in gut schließende Gläser gefüllt. Diese werden dunkel aufbewahrt, denn im Licht verliert Gemüse schnell seine Farbe. Auch muss das Trockengut wirklich genügend trocken sein, sonst entsteht Fäulnis im Vorratsbehälter. Kräuter lassen sich auch in hängenden Stoffbeuteln aufbewahren.

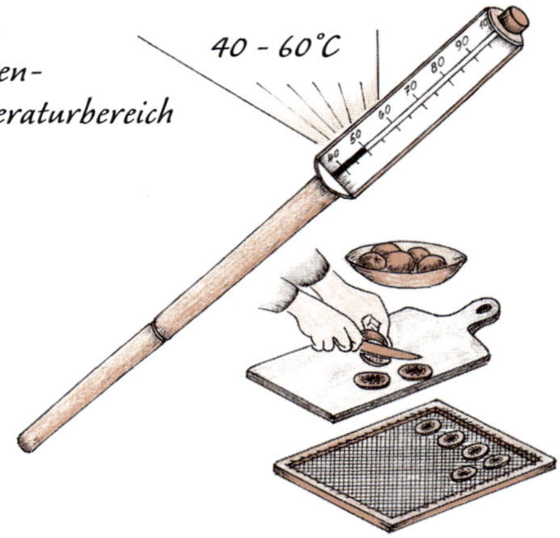

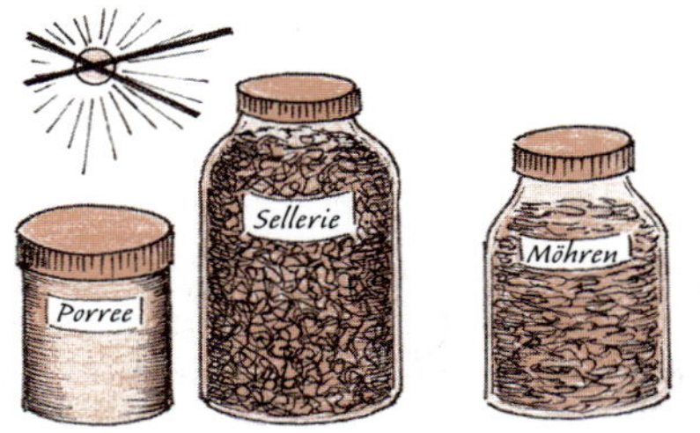

Getrocknetes Obst und Gemüse wird in Gläsern dunkel aufbewahrt.

Im Handel erhältliches kleines Trockengerät mit mehreren Siebaufsätzen. Bei Kräutern sollte die Temperatur von 30°C nicht überschritten werden.

Bauanleitung Trockenschrank

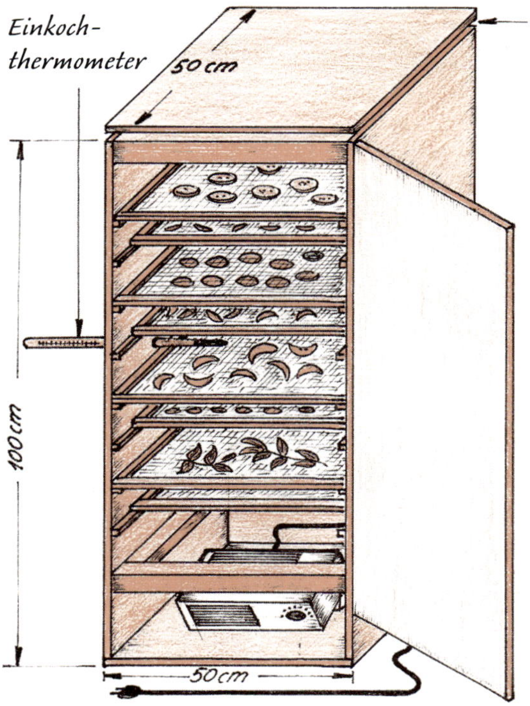

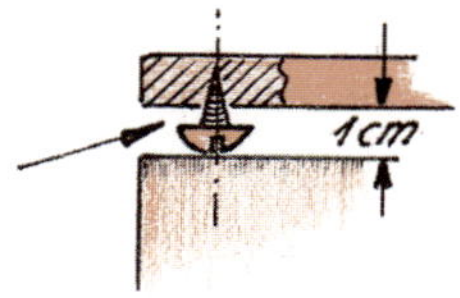

Mit den Auflage-schrauben lässt sich der Luftspalt einstellen

Die Abdeckung liegt mit vier Schrauben lose auf dem Schrankgehäuse

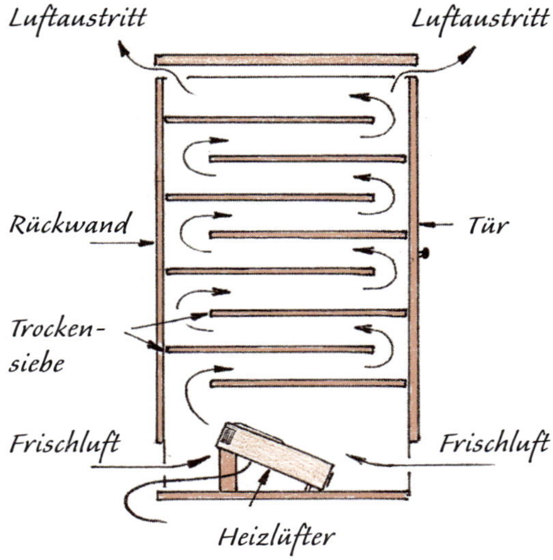

Zur besseren Temperaturkontrolle wird auf halber Höhe zusätzlich ein Einkochthermometer eingesetzt. Die Abdeckplatte wird mit Schrauben versehen, so dass der Luftaustrittsspalt verstellbar ist.
Mit Hilfe von Thermostat und Einkochthermometer lässt sich die Temperatur einstellen.
Zur Frischluftzuführung haben Tür und Rückwand je einen etwa 10 cm breiten Spalt an der Unterseite.

Die Trockensiebe werden kürzer hergestellt als der Schrank tief ist. Sie werden im Wechsel, einmal an die Rückwand und einmal bündig mit der Tür, eingeschoben. So kann die warme Luft schlangenförmig durch den Schrank zum Luftaustrittsspalt gelangen.

Als Siebmaterial hat sich Glasfasergewebe gut bewährt. Es wird mit einem Tacker oder mit Reissbrettstiften auf dem Holzrahmen befestigt.

Der gesamte Innenraum wird mit einer Thermofolie verkleidet.

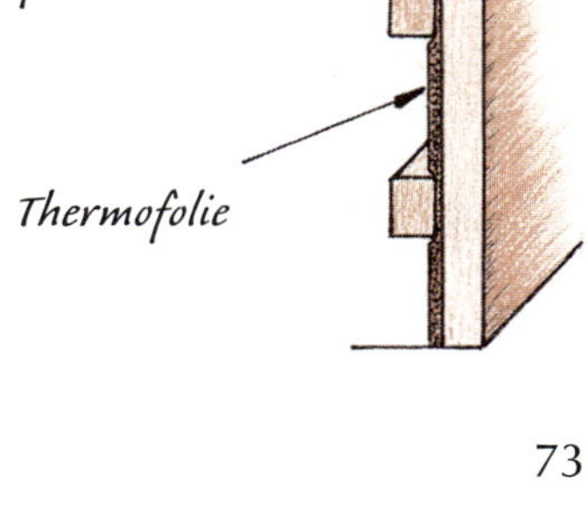

Bauanleitung Solartrockenschrank

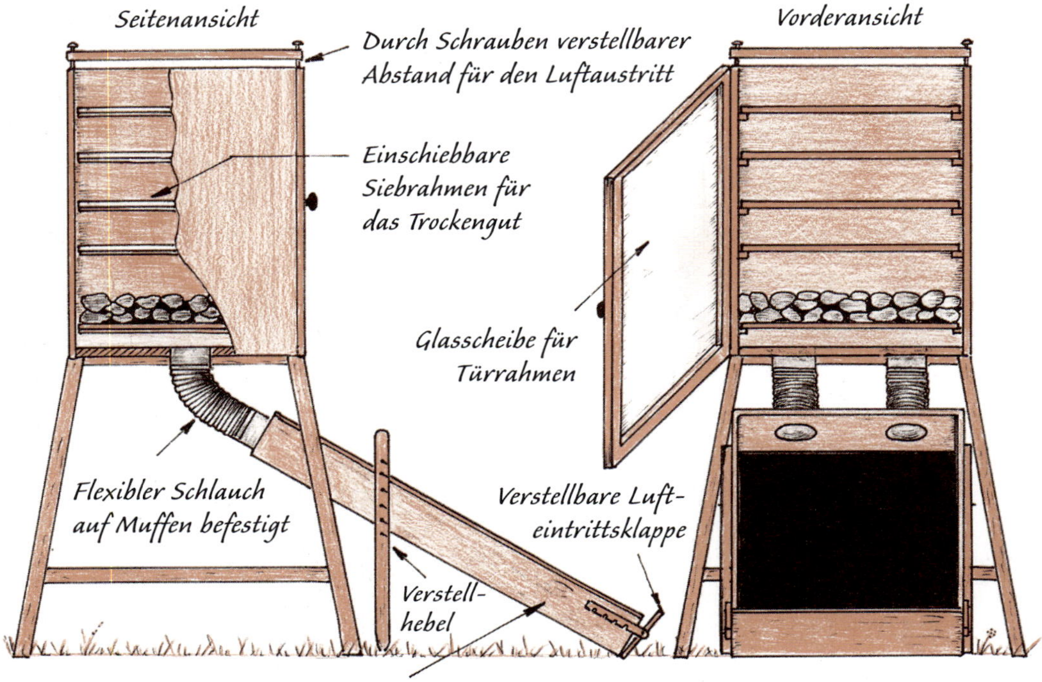

Die Luft im Kasten wird durch die Sonneneinstrahlung erwärmt und steigt nach oben. In der Steinschicht wird sie verteilt und gespeichert. Von hier aus streicht sie dann durch die mit Trockengut gefüllten Siebe zum Luftaustrittsspalt, um von dort gemeinsam mit der Fruchtfeuchtigkeit zu entweichen.

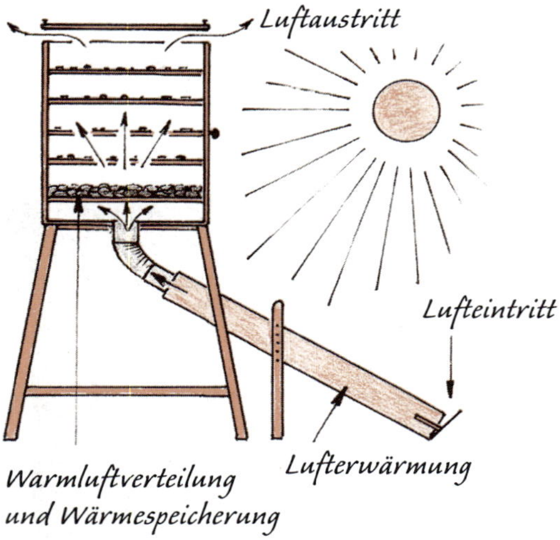

Es kann immer nur so viel Luft austreten wie an Frischluft nachgeführt wird. Deshalb sollten Luftein- und Luftaustritt aufeinander abgestimmt sein.

Mit dem Verstellhebel lässt sich der richtige Winkel zur Sonne einstellen. Bei fehlender Sonne kann dieser Trockenschrank auch elektrisch betrieben werden.

Milchsäuregärung

Der Vorgang der Milchsäuregärung konserviert Gemüse nicht nur, sondern erhöht dessen Aroma und Qualität und fördert die Verdauung. Vitamine und Mineralstoffe bleiben erhalten. Damit das Sauergemüse eine gute Qualität erlangt, sind folgende Voraussetzungen notwendig:

- einwandfreies Gemüse aus biologischem Anbau;
- gründlich gereinigte Arbeitsgeräte (24 Stunden in Wasser legen und kurz vor Arbeitsbeginn mit heißem Wasser abbürsten);
- eine Salzkonzentration von 0,8 bis 1,5% des Füllgutes (etwa 10 g auf ein Kilogramm);
- Druck auf die zu säuernden Gemüse;
- die richtigen Gewürze für die verschiedenen Gemüse;
- ein Gärtopf mit Rille (Luft kann austreten, aber nicht eindringen)
- eine sorgfältige Temperaturführung während des achtwöchigen Gärprozesses

Danach ist der Gärvorgang abgeschlossen und das Gemüse kann verzehrt werden. Nach jeder Entnahme müssen Stein und Gärrille sorgfältig gereinigt werden, damit sich kein Schimmel bildet. Ein weißer Belag auf der Lake ist meist Kahmhefe, sie verdirbt das Gemüse zwar nicht, sollte aber abgeschöpft werden.

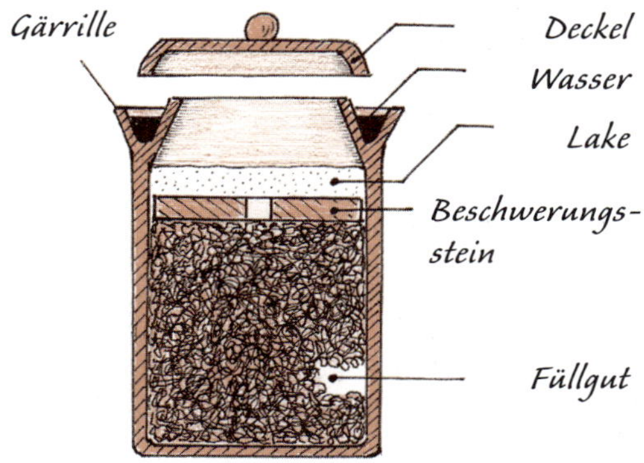

Standorttemperatur

für Kohl	*anderes Gemüse*
2 Tage → 20°C	2 Tage → 20°C
20 Tage → 15°C	14 Tage → 18°C
ca. 40 Tage → 1-10°C	ca. 40 Tage → 1-10°C

Gemüse, die sich zum Einsäuern eignen:
Weiss-, Wirsing-, Rot- und Blumenkohl,
Kohlrabi,
Brokkoli,
grüne und gelbe Bohnen,
Gurken,
Rote-, Mai- und Steckrüben,
Rettich, Sellerie,
Möhren,
Pastinaken,
Zwiebeln und Porree

Zutaten und Geräte

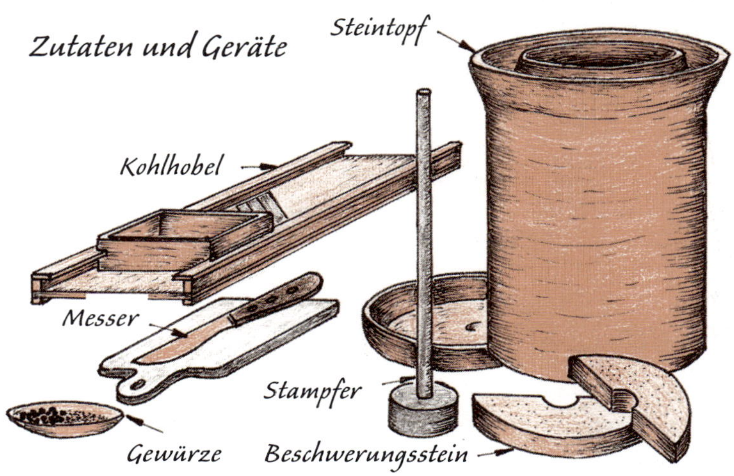

Sauerkrautherstellung

Strunk herausschneiden, große Blätter zum Abdecken beiseite legen.

Kohl in eine Wanne (o.ä.) raspeln.

ca. 1 % Salz zwischen den geraspelten Kohl mischen.

Kohl in Lagen von jeweils 10 cm in den Topf schichten und feststampfen.

Gewürze und Apfelscheiben auf jede Lage streuen.

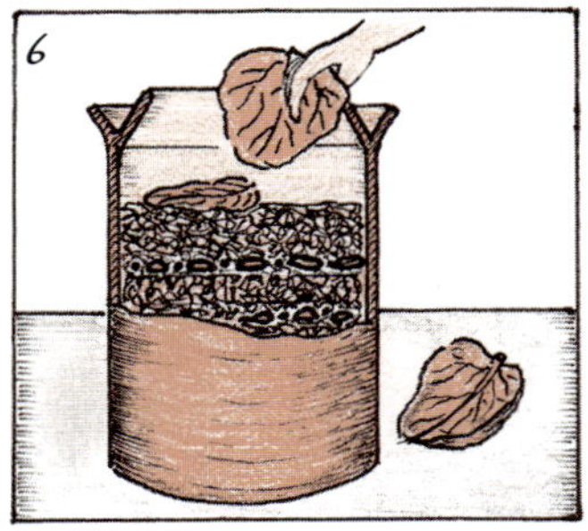

Topf 4/5 füllen und mit großen Kohlblättern abdecken.

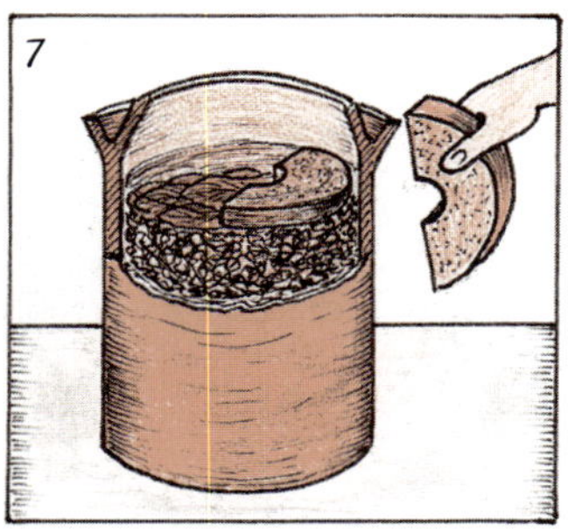

Steine zum Beschweren auflegen, der Saft soll darüber stehen.

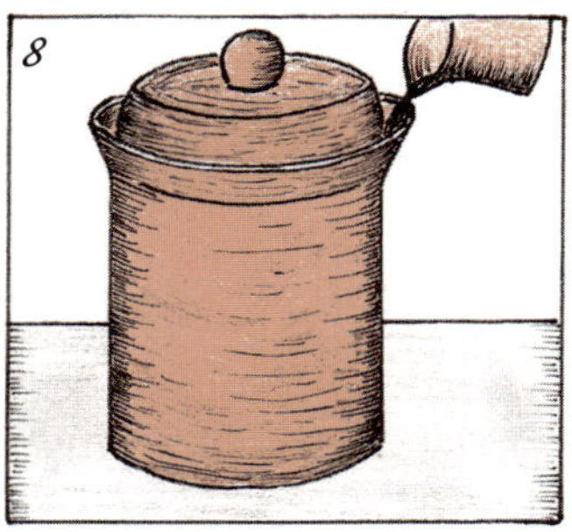

Deckel aufsetzen und Wasser in die Gärrille gießen.

Topf 2 Tage in 20°C Umgebungstemperatur, 20 Tage in 15°C und 40 Tage kühl (+1 bis +10°C) stellen. Danach ist das Kraut verbrauchsfertig.

Wichtig: Alle Zubehörteile kurz vor Arbeitsbeginn reinigen.

7. Die Naturwiese und ihr Schnitt

Eine Naturwiese benötigt nur wenig Pflegearbeit. Sie ist artenreich und voller Leben und bietet vielen Insekten und auch Vögeln ausreichend Nahrung. Die Naturwiese ist im Winter der ideale Futterplatz für unsere einheimischen Standvögel. Eine Naturwiese wird zwei- bis dreimal im Jahr geschnitten, am besten mit der Sense.

Der konventionelle Rasen ...

... ist pflege- und energieaufwendig und benötigt zu seiner Erhaltung eine ganze Menge technischer und chemischer Erzeugnisse.

Die Naturwiese ...

... ist leicht zu pflegen und bietet im Winter vielfältig Nahrung für Vögel.

Von Sensen und Sensenzubehör

Gute Sensen sind handgeschmiedet und haben eine lange Lebensdauer. Es gibt sie in verschiedenen Längen und Formen. Um zu entscheiden, ob man beser mit einem gebogenen oder einem geraden Sensenbaum arbeiten kann, empfiehlt sich die Teilnahme an einem Sensenkurs, die vielerorts angeboten werden.

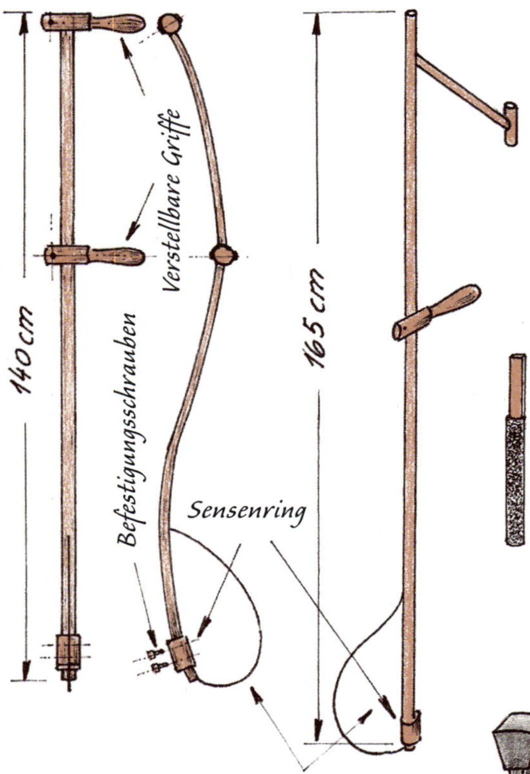

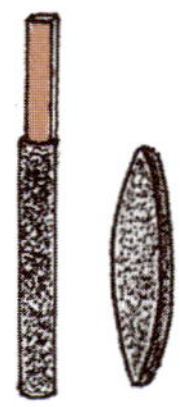

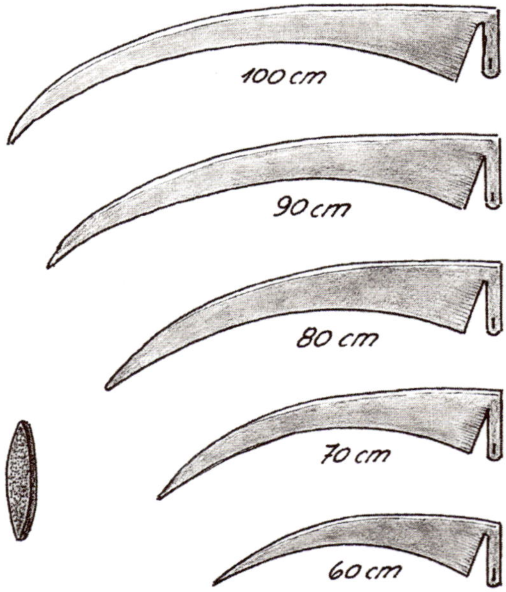

Dengelhammer und Dengelamboss

Zwei Formen von Sensenbäumen aus Stahlrohr, einmal gebogen und einmal gerade. Beide Ausführungen gibt es auch in Eschenholz.

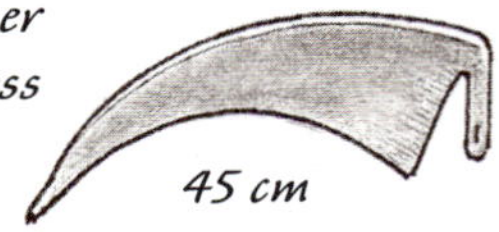

Heide- und Buschsense

Das Blatt wird durch zwei Schrauben im Sensenring gehalten. Es ist abnehmbar (z.B. zum Dengeln).

Kurze Sensenblätter werden an starken Hanglagen und an Böschungen benutzt. Längere sind für größere ebene Flächen gedacht.

Die Heide- und Buschsense wird auch für Unterwasserpflanzen eingesetzt.

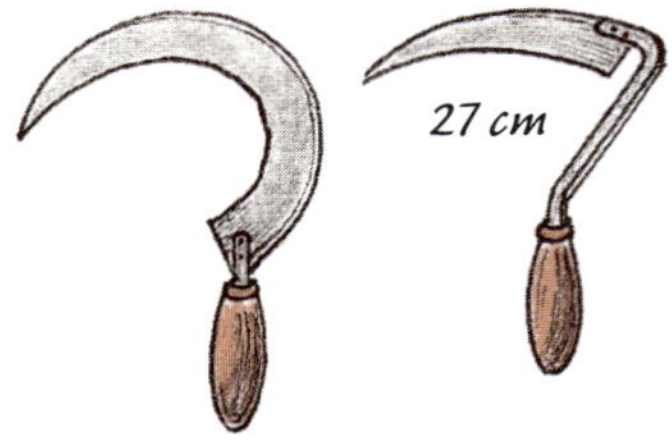

Rund- und Sensensichel

Arbeiten mit der Sense

Die beste Zeit, eine Wiese mit der Sense zu mähen, ist frühmorgens, wenn das Gras so richtig taunass ist. Zu dieser Zeit steht das Gras sehr gut und ist noch nicht welk. Auch bei leichtem Regen ist ein guter Schnitt noch möglich, während starker Regen das Gras oft niederdrückt und dadurch das Mähen erschwert. Trockenes Gras ist lappig, gibt einen unsauberen Schnitt und macht die Sense stumpf. Damit die Sense immer gut schneidet, wird sie im Laufe der Schnittarbeit öfter mit dem Sensenstreicher oder dem -wetzstein abgezogen.
Nach der Arbeit wird das Sensenblatt gereinigt, getrocknet und der Sensenschutz aufgesetzt. Bei längerem Nichtgebrauch sollte das Blatt leicht eingefettet werden.

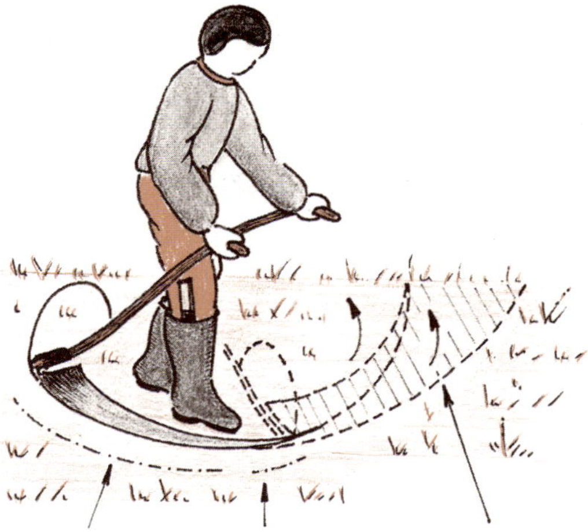

Die Blattspitze während der Schnittführung ein wenig anheben, dabei soll das größere Blattstück gut aufliegend über den Boden gleiten.

Weit ausholen und während der Hüftdrehung das aufliegende Blatt leicht ellipsenförmig zum Körper führen.

Schärfen mit dem Sensenstreicher oder -wetzstein:
Es wird immer von der Schnittkante weg bogenförmig nach unten und gleichmäßig im Wechsel von Vorder- und Rückseite abgezogen.

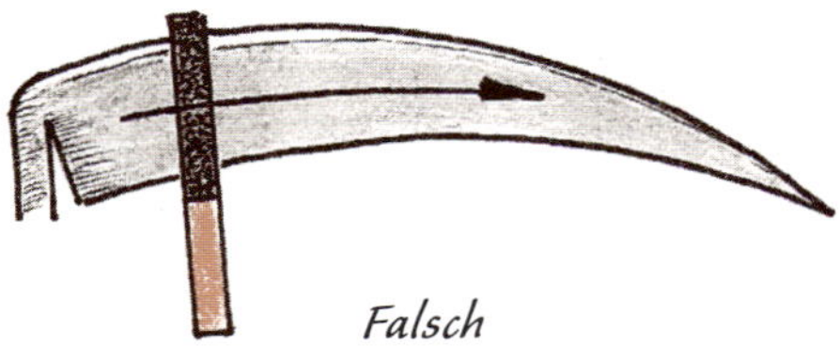

Falsch

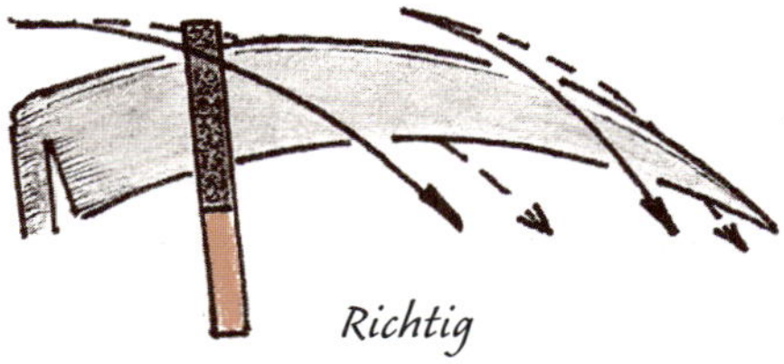

Richtig

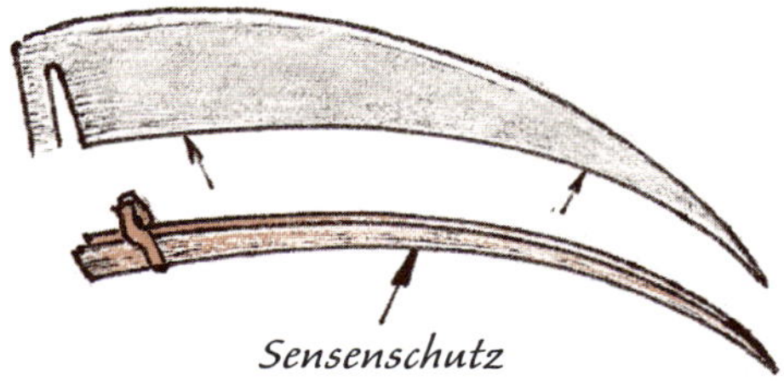

Sensenschutz

Das Dengeln

Sensen dürfen nicht geschliffen werden, dabei würden sie zu viel an Substanz verlieren, nach kurzer Zeit anfangen zu flattern und damit für den Schnitt unbrauchbar werden. Das Sensenblatt wird gedengelt. Das Dengeln sollte besonders sorgfältig ausgeführt werden, zum Arbeiten sind Spezialwerkzeuge erforderlich wie Dengelhammer und -amboss.

Durch leichte Hammerschläge, die aber nur den äußeren Schneidrand treffen dürfen, wird die Schneidkante dünn geklopft (ausgezogen) und damit scharf.

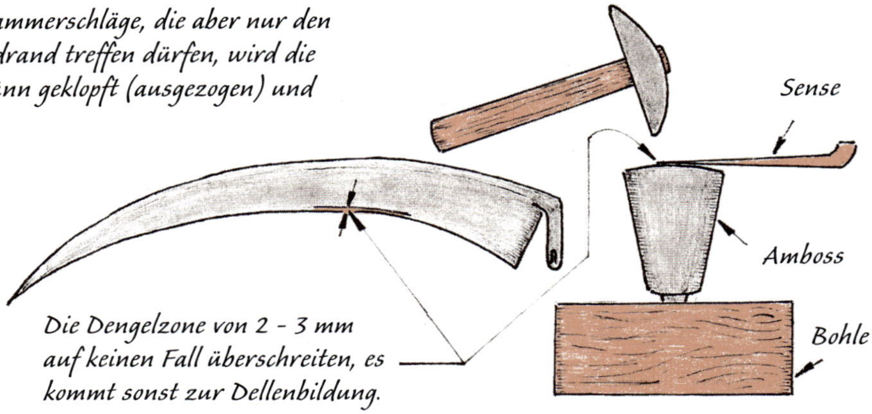

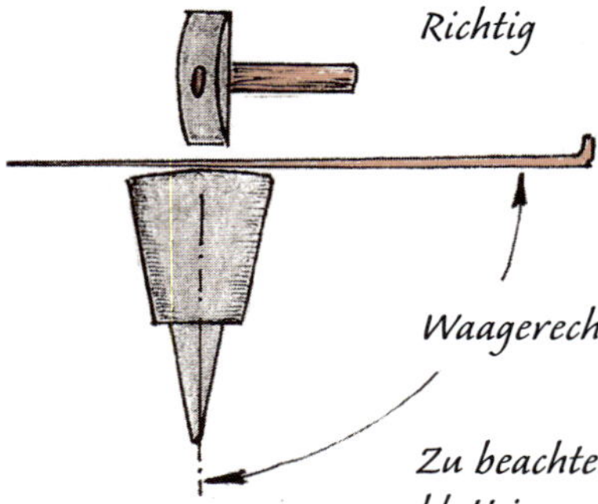

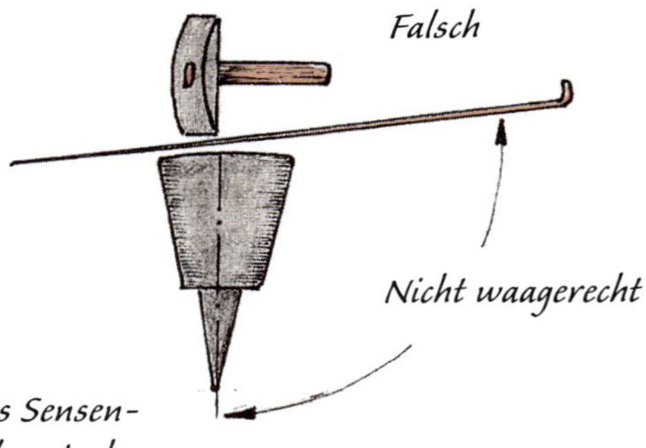

Zu beachten ist auch, dass das Sensenblatt immer waagerecht auf dem Amboss, und die Schlagstelle niemals hohl liegt. Dazu ist eine Sitzhaltung nötig, bei der das Blatt auf beiden Oberschenkeln gut aufliegt. Frei in der Luft gehalten, würden die Arme bald erlahmen.

Amboss im Holzklotz einschlagen, für eine erhöhte Sitzgelegenheit

Amboss in eine Bohle einschlagen, für ein Sitzen auf ebenem Boden

8. Der Gartenteich

In der Natur ist der schattig gelegene Waldsee mit geringem Pflanzenbewuchs gleichermaßen zu finden wie der sonnig gelegene Weiher mit üppigem Pflanzenwachstum. Zwischen diesen beiden Beispielen liegen viele Abstufungen, die je nach Lage auch im Garten entstehen können.
Schon bei der Planung sollte man sich im Klaren sein, wie es in und über dem Teich aussehen soll. Wird z.B. ein arbeitsaufwändiger Fischteich oder eher ein pflegeleichter Naturteich gewünscht?
Ob Fisch- oder Schwimmteich, ob Fertigteich oder mit Folie bzw. Lehm frei gestaltet – fachliche Unterstützung ist sicherlich sinnvoll, um lange Freude am Teich zu haben. Der Teichbau im Garten ist ein vielschichtiges Thema. Es sollen deshalb hier nur einige grundsätzliche Gedanken als Entscheidungshilfe für die Planung gegeben werden.

Das biologische Gleichgewicht

Fische im Teich bedeuten Nährstoffanreicherung, d.h. eventuell sind zur Aufrechterhaltung des biologischen Gleichgewichts Filter oder Wasserzusätze notwendig. Denn in mit Nährstoffen angereicherten Teichen kann es zu Wachstumsstörungen der Wasserpflanzen kommen. Diese machen sich unter anderem in mangelnder Stabilität des Pflanzengewebes bemerkbar. Besonders fällt dies bei den hohen Pflanzen, z.B. Rohrkolben und Schilf auf. Die durch Überdüngung im Zellgewebe aufgeschwemmten Halme und Blätter werden sehr früh vom Wind zerfled-

Magerer Teichboden *Überdüngter Teichboden*

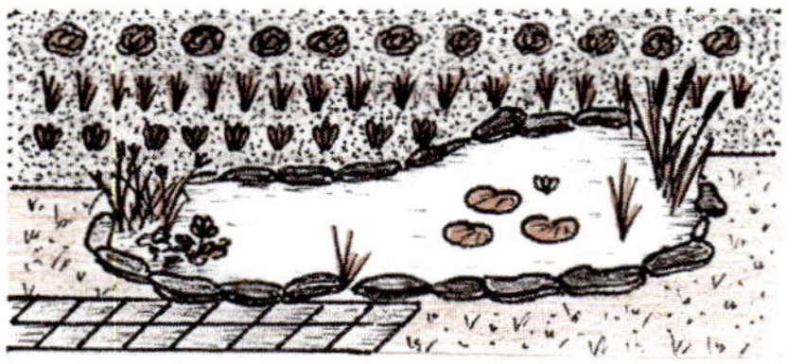

Falsch: Kulturland in der Nähe des Teiches

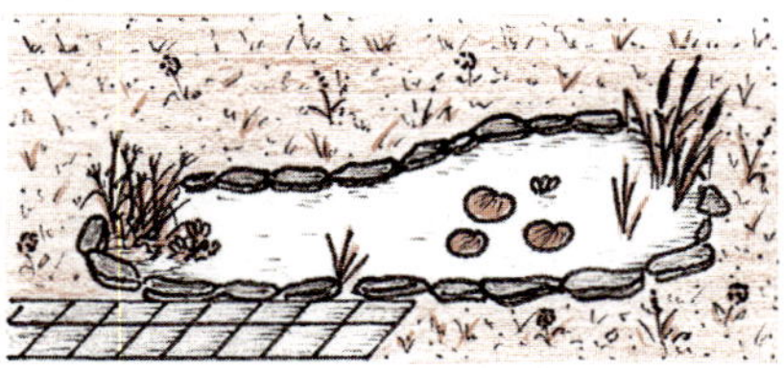

Richtig: Ungedüngter Rasen oder Naturwiese ringsherum

Falsch: Bäume verschatten den Teich. Dazu: Laub im Wasser

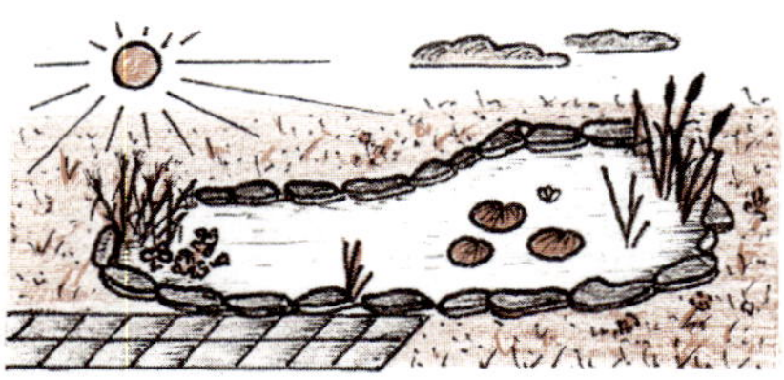

Richtig: Die Wasserfläche erhält mindestens 6 Stunden Sonnenschein täglich.

dert und abgeknickt. Sie verwelken vorzeitig, oft schon vor der Samenbildung. Überdüngung kann zum Umkippen des Gewässers führen, dazu später mehr.
Je größer der Teich ist, desto stabiler ist das biologische Gleichgewicht. Ab einem Wassergehalt von etwa 10 Kubikmetern stellt sich ein stabiles Gleichgewicht fast von allein ein. Kleinere Teiche können mit Hilfe von Wasserfällen oder Sprudlern unterstützt werden, die den Sauerstoffgehalt des Wassers steigern. Zu beachten ist außerdem die Bodenbeschaffenheit des Teiches. Je natürlicher, desto besser: Gerade im Schlamm des Teichbodens finden sich die wichtigen Bakterien, die das Gleichgewicht stabilisieren.

Planungsüberlegungen

Um vor Überaschungen sicher zu sein, sollten die nachfolgend in Kurzform aufgezeigten Überlegungen bei der Planung eines Gewässers berücksichtigt werden:

Standortwahl

Kulturland in der Nähe des Gewässers ist nicht sinnvoll, denn fruchtbare Ackerkrume wird durch den Wind in den Teich geweht. Besser in direkter Nähe ist ein ungedüngter Rasen, noch besser eine Naturwiese.
Bäume verschatten das Wasser und werfen ihr Laub in den Teich. Deshalb ist ein Standort unter oder in der Nähe von Bäumen ungünstig. Die Sonne sollte wenigstens sechs Stunden am Tag die Wasserfläche erreichen können.
Ein Teich ist ein lebendiges Element im Garten. Dazu gehören auch die Uferzo-

Bei der Festlegung der Teichgröße (nicht unter 10 m²) genau überlegen, wie groß die einzelnen Pflanzenzonen und die verbleibende Wasserfläche sein sollen.

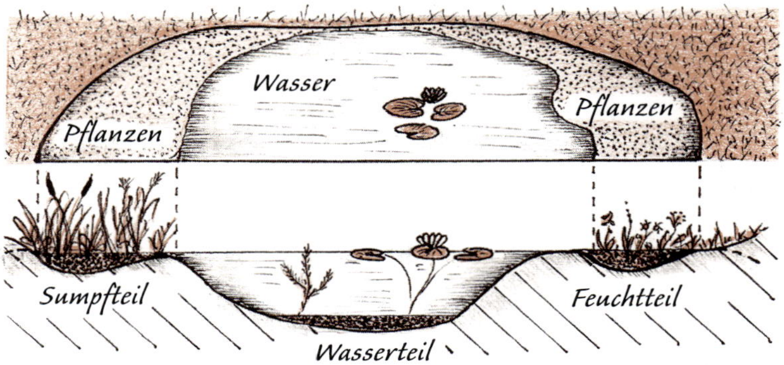

nen, in denen sich viele Tiere wohl fühlen können. Rundwege wirken hier störend. Als Zugang zum Teich reicht oft ein Stichweg.

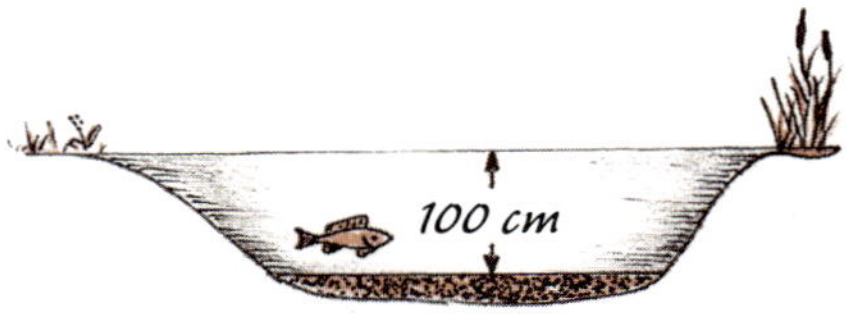

Mindestwassertiefe
Jeder Zentimeter zusätzliche Tiefe verbessert die Wasserqualität für Tier und Pflanze.

Wassertiefen und Uferzonen

Bei der Festlegung der Teichgröße (Fläche nicht unter 10 m²) sind die Uferzonen einzubeziehen. Um ein vielfältiges Leben im und am Teich zu ermöglichen, gehören neben der offenen Wasserfläche eine flache Sumpfzone (bis 15 cm tief) und der etwas tiefere Feuchtteil (Tiefe bis 40 cm) dazu. In jeder Zone fühlen sich andere Pflanzen und Tiere wohl.

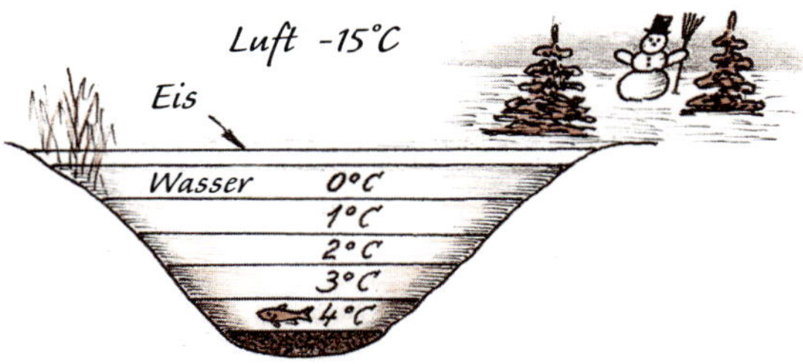

Temperaturschichtung im Wasser bei eisbedeckter Oberfläche

Jede Pflanzen- und Tierart benötigt eine bestimmte Wassertiefe

Ein Gewässer sollte auf jeden Fall winterfest sein. Eine Teichsohlentiefe von einem Meter ist notwendig, damit auch in strengen Wintern das Wasser nicht bis zum Grund durchfriert. Mit jedem Zentimeter zusätzlicher Wassertiefe verbessert sich die Wasserqualität für Tier und Pflanze. Wasser hat die größte Dichte und damit das höchste Gewicht bei 4°C. Mit dieser Temperatur sinkt es immer nach unten. Wird es kälter, dehnt es sich aus, wird leichter und steigt auf. Wasser in Eisform hat die größte Ausdehnung und schwimmt immer oben. Auf dem Grund herrscht im Winter stets eine Temperatur von 4°C, bei der Tiere und Pflanzen unbeschadet durch den Winter kommen. Damit diese unterschiedlichen Temperaturschichten erhalten bleiben, sollte das Eis nicht aufgeschlagen werden, denn dadurch wirbeln die Temperaturzonen durcheinander.

Ein Teich mit Tiefenzonen von 100 cm macht wenig Arbeit und muss im Winter nicht ausgeräumt werden. In flachen Teichen (20 – 50 cm tief) erwärmt sich das Wasser sehr rasch und kann den für das Leben im Wasser dringend notwendigen Sauerstoff nicht halten. So enthält z.B. Wasser von 4°C doppelt soviel Sauerstoff wie das gleiche Wasser bei einer Temperatur von etwa 30°C, und die sind unter starker Sonneneinstrahlung schnell erreicht. Dieser Vorgang läßt sich leicht bei einer Pfütze beobachten, die von der Sonne beschienen wird: An den Rändern der Pfütze bilden sich mit zunehmender Temperatur kleine Bläschen, die nach und nach aufsteigen. Diese Bläschen enthalten den Sauerstoff, der dem Wasser verlorengeht. Das gleiche spielt sich auch in einem flachen Teich ab.

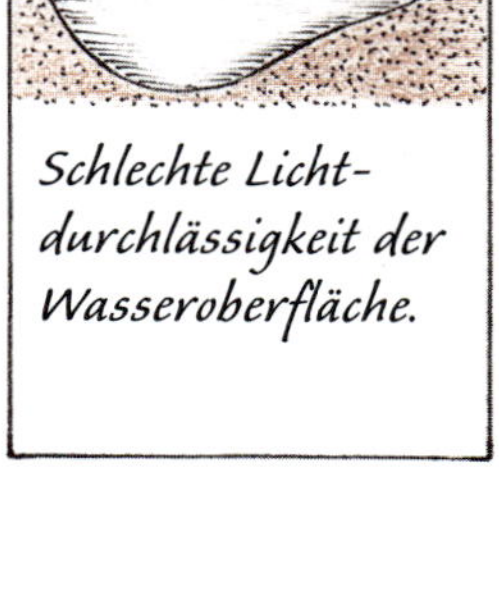

Der Teich „kippt um"

Der Grund für das „Umkippen" des Gewässers ist fast immer Überdüngung. Auf Seite 84 unten ist zu sehen, wodurch die Nährstoffanreicherung entstehen kann.

Gelangen zu viele Nährstoffe in den Teich, wird das Wachstum der Pflanzen gefördert, vor allem das der kurzlebigen Algen. Sie sterben in großer Anzahl und sinken zu Boden. Hier werden sie von den Mikroorganismen und Kleinsttieren zu neuen Nährstoffen umgearbeitet, die wiederum das Wachstum beschleunigen. Alles wächst und stirbt mit zunehmenden Tempo, bis der Zeitpunkt erreicht wird, an dem die Mikroorganismen mit der Verarbeitung des anfallenden organischen Abfalls nicht mehr Schritt halten können. Es kommt zu einer zunehmenden Wassertrübung, an deren Ende eine dunkle, braune Brühe steht.

Die Mikroorganismen benötigen für ihre Tätigkeit Sauerstoff. Dieser wird von den tieferliegenden Pflanzen durch Lichteinfall produziert. Durch das trübe Wasser kann das wichtige Licht nicht mehr an die Pflanzen gelangen und das biologische Gleichgewicht bricht zusammen. Nun treten andere Bakterien in Aktion, die völlig ohne Sauerstoff auskommen, die Fäulnisbakterien. Aufblubberndes Sumpfgas zeigt an, dass der Teich am „Umkippen" ist.

Regulierung des Pflanzen- und Fischbestands, Abfischen des Laubs, Sauerstoffanreicherung und windschützende Uferbepflanzungen können das Gewässer retten.

Fertigteiche werden im Handel in vielen Größen und Formen angeboten

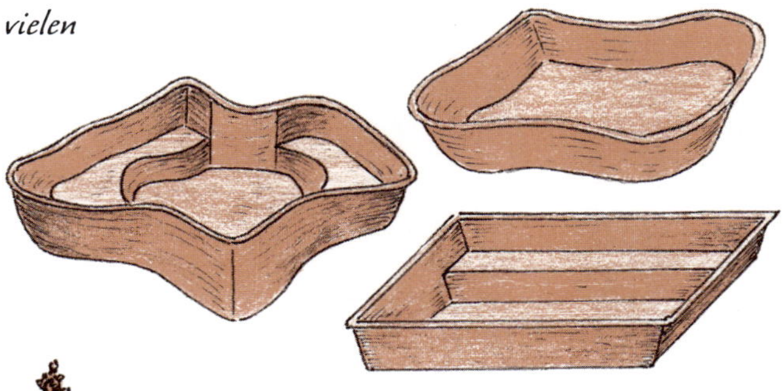

Vorteile beim Fertigteich:

- *Stabile Ausführung (stoßfest)*
- *Winterfestes Material*
- *Absolut dicht*
- *Viele Formen*
- *Standortwechsel ist möglich*

Die Nachteile:

- *Oft zu steile Wände, dadurch schlechte Wasserzirkulation und tierunfreundlich*
- *Zu geringe Wassertiefe, für viele Pflanzen ungeeignet*
- *Wasser erwärmt sich schnell*
- *Ein Teil der Pflanzen und Tiere muss über Winter umquartiert werden*
- *Viel Pflegearbeit*

Bauanleitung Folienteich

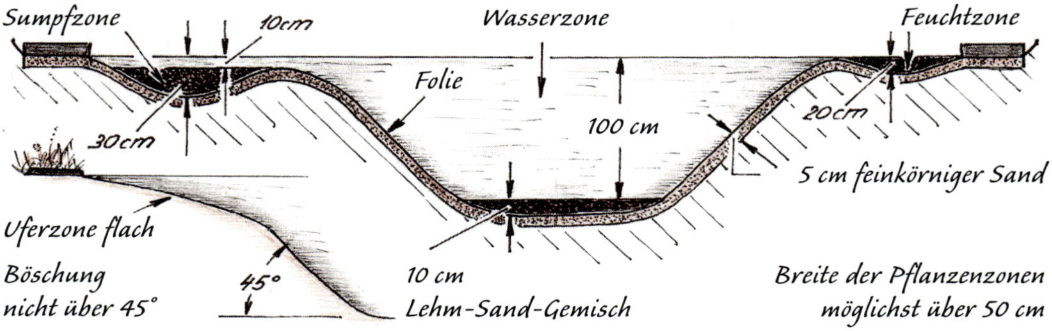

Die Teichumrisse mit Hilfe eines Seils oder Gartenschlauchs auf dem vorgesehenen Platz genau markieren.

Ringsherum Pflöcke einschlagen und mit der Wasserwaage (Schlauchwaage) genau auf 10 cm über den angenommenen Wasserspiegel einnivellieren.

Nun kann ausgeschachtet werden. Die anfallende Erde gleich wegkarren. Sie ist als Randzone nicht geeignet, weil sie zu sehr zusammensackt. Beim Abstechen etwas innerhalb der Markierung bleiben, damit noch kleine Umrisskorrekturen möglich sind.

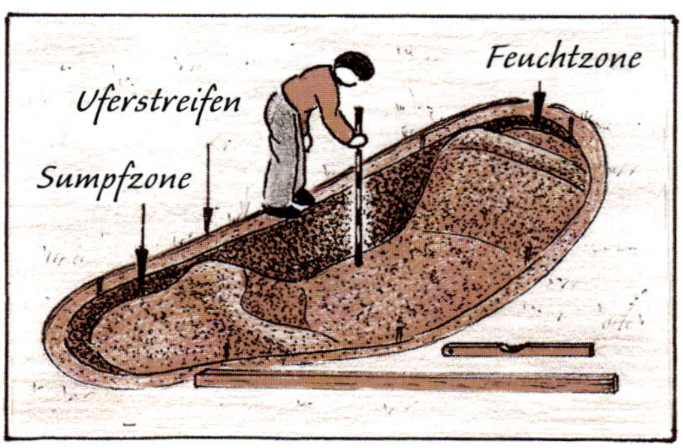

Pflanzenzonen stehen lassen, nicht nachträglich auffüllen. Immer wieder Zollstock und Wasserwaage benutzen, damit der Teich auch wirklich auf gewachsenem Boden ruht. Die hohen Gewichtsbelastungen führen sonst leicht zu Spannungen in der Folie.

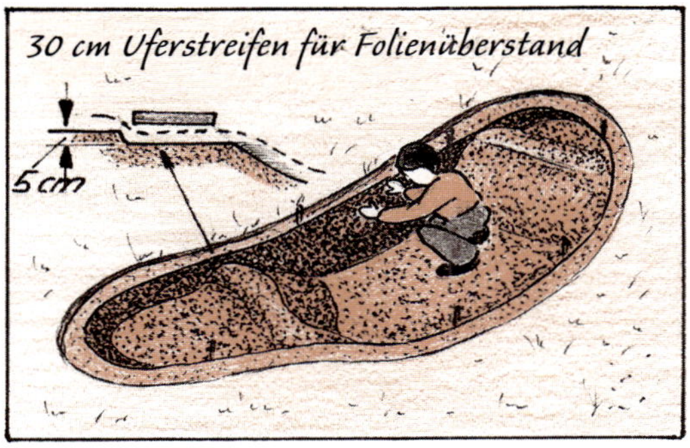

Alle Flächen nach spitzen Steinen absuchen und glätten.

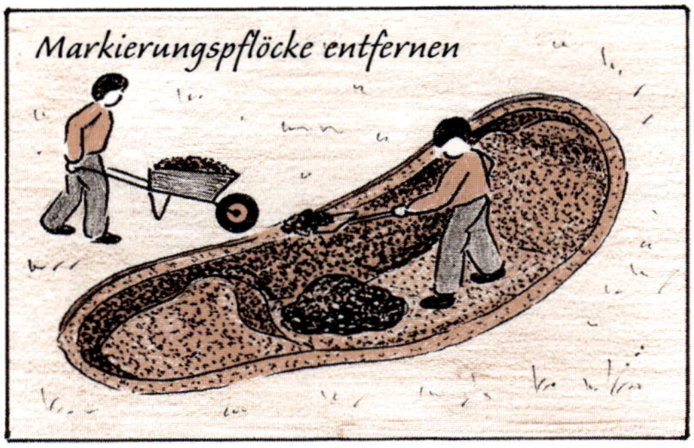

Die gesamte Grube mit einer 5 cm hohen Sandschicht auskleiden.

Bei einer Temperatur ab 20 °C lässt sich Folie am besten verlegen. Sie wird auseinander gebreitet, lose in die Grube gesenkt.

Folie zurechtrücken, so dass an allen Seiten etwa 50 cm Überstand vorhanden ist. Rand ringsherum mit Steinen beschweren.

Nun wird die Grube mit Wasser gefüllt. Damit der starke Wasserstrahl das unter der Folie liegende Sandbett nicht zerstört, wird die Schlauchdüse in einen Eimer gesteckt, so dass der Überlauf langsam die Teichgrube füllt.

Mit zunehmendem Wasserstand passt sich die Folie der Teichgrube an und zieht nach unten. Nach und nach werden die Steine entfernt. Große Falten können dabei geglättet werden, kleine sind unvermeidlich und belanglos.

Der Wasserspiegel zeigt jetzt genau an, wo noch kleine Randkorrekturen durchgeführt werden müssen. Danach lässt man den Teich mehrere Tage ruhen.

In der Ruhezeit hat sich die Folie gesetzt, und der Rand kann beschnitten werden. 30 cm Überstand sollten dabei nicht unterschritten werden.

Beispiele für Uferzonen:

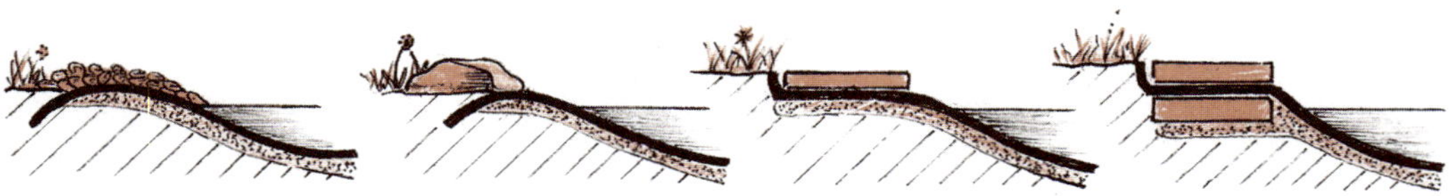

Natürlicher Übergang mit Grobkies

Rand aus Natursteinen

Plattenrand aus Flachsteinen

Hoher Wasserstand sickert in das Sandbett und unterspült die Folie.

Überstehende Platten sind für viele Tiere eine tödliche Falle. Besonders die nützlichen Laufkäfer sind hier die Opfer. Auch Steilufer sollten vermieden werden.

Sind alle Arbeiten sorgfältig ausgeführt, kann die Erde in die einzelnen Zonen eingebracht werden. Die Erde (das Substrat) muss nährstoffarm sein. Ein Gemisch aus 2/3 Sand und 1/3 Lehm ist völlig ausreichend. Die Schichtdicken sind auf Seite 86 angegeben.

Teich mit Lehmabdichtung

Lehm ist ein Material, das in der Natur anzufinden und somit gut für einen Naturteich geeignet ist. Fetter Lehm mit mindestens 30% Tonanteil wird in einer 15 - 18 cm dicken Schicht auf dem Teichboden aufgebracht und mit einem Handstampfer gleichmäßig auf eine Dicke von 10 bis 12 cm verdichtet. Zwar ist eine solche Abdichtung recht arbeitsaufwändig (besonders das sorgfältige Verdichten an den Schrägen), sie ist aber eine ökologisch vorteilhafte Alternative zur Folienabdichtung und gut für den Selbstbau geeignet.

Ob der Teich so, mit vorgefertigten, ungebrannten Lehmziegeln aus der Ziegelei oder mit dem trockenem und besonders quellfähigen Tonmineral Montmorillonit aus Säcken abgedichtet wird, empfehlenswert ist immer, eine zusätzliche Schutzschicht aus Grobsand oder Feinkies aufzubringen, bzw. mindestens im Bereich der Uferzone, damit Sonne und Wind den Lehm dort nicht austrocknen können und Trockenrisse entstehen.

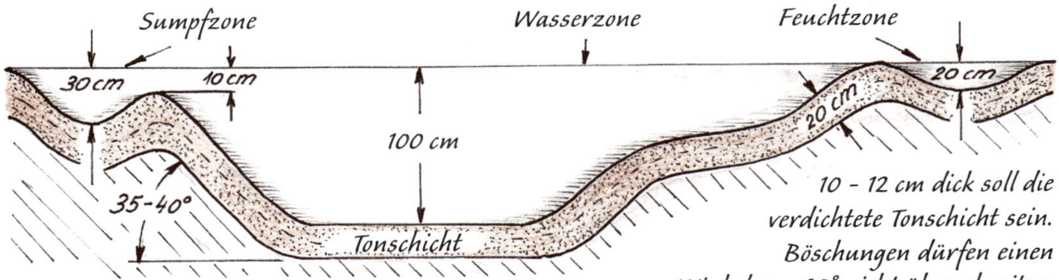

10 - 12 cm dick soll die verdichtete Tonschicht sein. Böschungen dürfen einen Winkel von 40° nicht überschreiten.

Die Grube wird so ausgeschachtet, dass sie in der Tiefe und nach allen Seiten ca. 15 - 18 cm größer ist als der gewünschte Teich.

Die gesamte Teichfläche wird mit ungebrannten Tonziegeln lückenlos ausgelegt und gut verstampft. Ebenso mit der 2. Schicht verfahren (Trockene Tonziegel vorher anfeuchten).

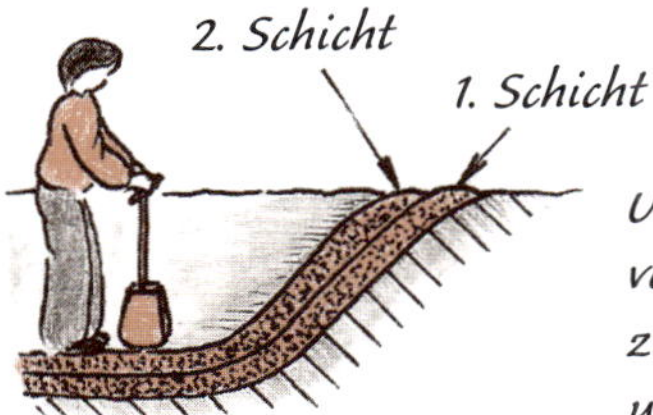

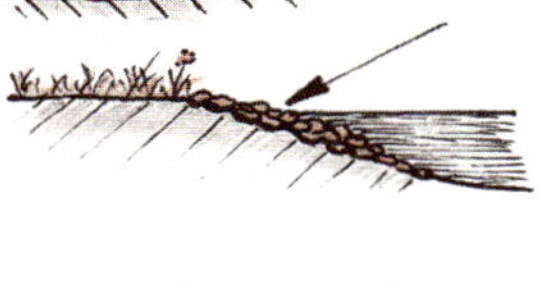

Um die Uferzone vor Austrocknung zu schützen, werden Kieselsteine eingedrückt.

Die Lehmschicht kann betreten werden.

Manche Steine müssen passend geschnitten werden.

Tiefwurzelnde Pflanzen werden in passende Gefäße gepflanzt.

9. Unterkünfte für Nützlinge

Sehr schnell werden sich in einem biologisch bewirtschafteten Garten zahlreiche Vögel einfinden, die hier unter der Mulchschicht oder auf der Wiese Nahrung finden. Um die Vögel im Garten zu halten, sollte man ihnen Unterkunfts- und Nistmöglichkeit anbieten. Schließlich vertilgt ein Meisenpaar jährlich mit seiner zweimaligen Brut etwa 40 kg Schadinsekten. Auch andere Vögel wie Schwalben, Kleiber, Braunelle, Rotschwanz, Baumläufer, Zaunkönig, Rotkehlchen, Grasmücke, Eulen, Greifvögel und viele mehr helfen bei der Dezimierung der Schädlinge.

Ein Meisenpaar vertilgt jährlich mit seiner zweimaligen Brut ca. 40 kg Schadinsekten

Die passenden Unterkünfte für die verschiedenen Vogelarten, für Ohrwürmer, Marienkäfer, Laufkäfer und andere Nutzinsekten, sowie für Fledermäuse, Igel, Spitzmäuse, Mauswiesel, Kröten, Eidechsen, Spinnen und weitere Schädlingsvertilger werden in diesem Kapitel vorgestellt. Genaue Bauanleitungen machen den Nachbau der Unterkünfte einfach. Nistkästen müssen nach jeder Brutperiode gesäubert werden. Vögel benutzen Nester nur einmal, für die nächste Brut wird wieder ein neues Nest gebaut.

Nistkasten für Höhlenbrüter: Kohlmeise, Blaumeise, Gartenrotschwanz, Kleiber u.a.

Fluglochdurchmesser für Kleinmeisen 26 mm, sonst 32 mm

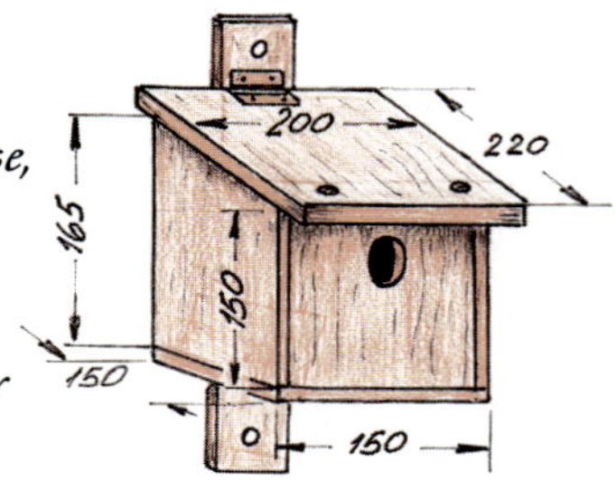

Anbringung der Nistkästen: 2 Stück pro 100 m² Fläche, Aufhänghöhe 2 - 2,5 m, Flugloch nach Südosten

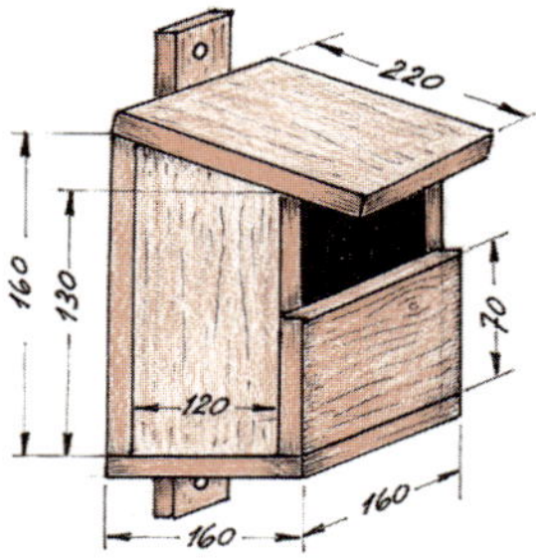

Nistkasten für Nischenbrüter: Hausrotschwanz, Bachstelze, Grauschnäpper, vereinzelt auch Rotkehlchen und Zaunkönig

Bauanleitung Nistkasten für Höhlenbrüter

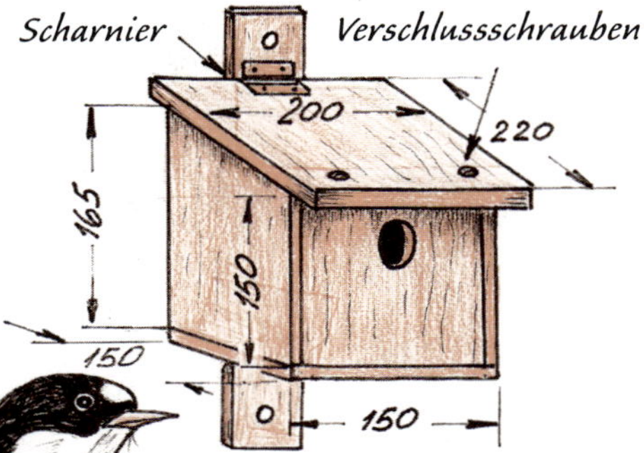

Das Flugloch soll 32 mm ø nicht überschreiten.
Für Kleinmeisen reichen 26 mm ø aus.

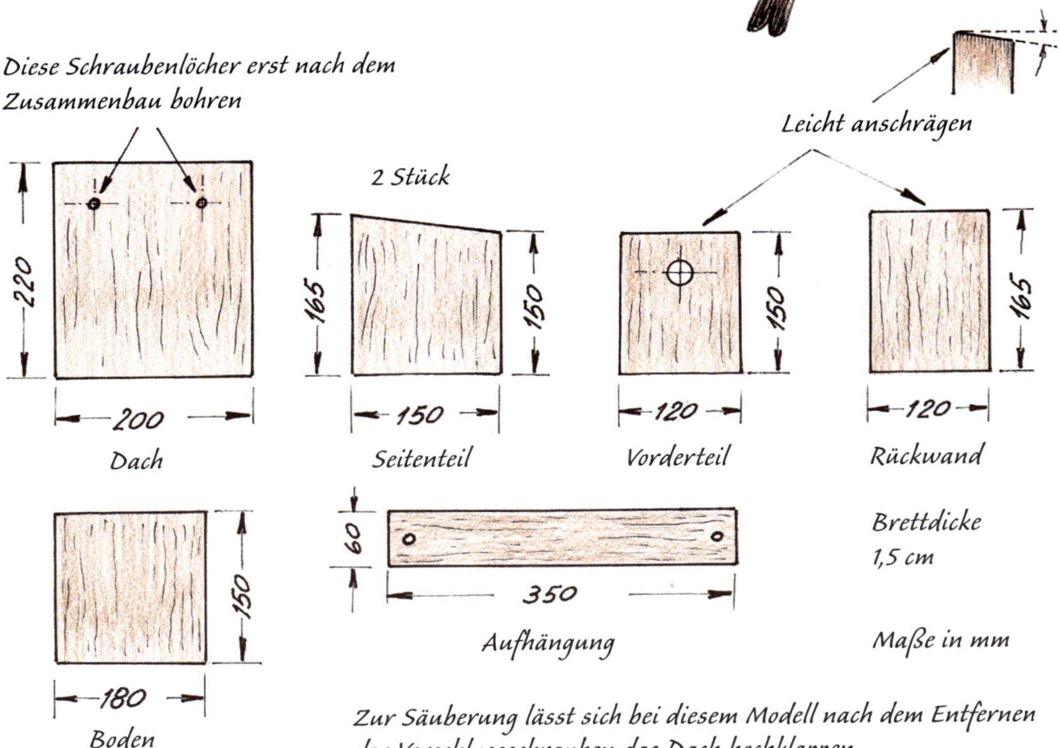

Zur Säuberung lässt sich bei diesem Modell nach dem Entfernen der Verschlussschrauben das Dach hochklappen.

Bauanleitung Freihängender Nistkasten

(für Höhlenbrüter)

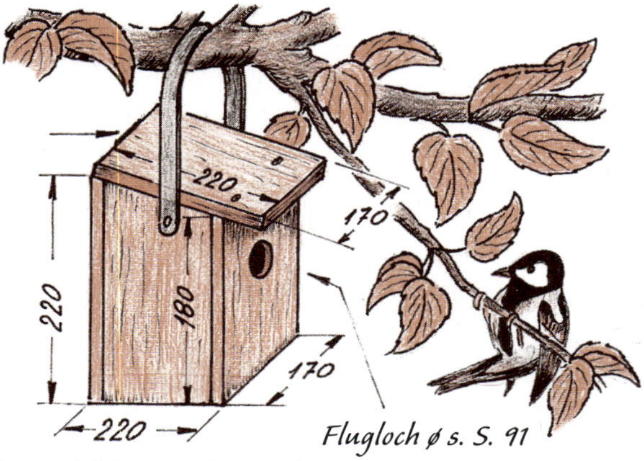

Freihängende Nisthöhlen bieten Katzenschutz

Maße in mm, bezogen auf eine Brettdicke von 25 mm

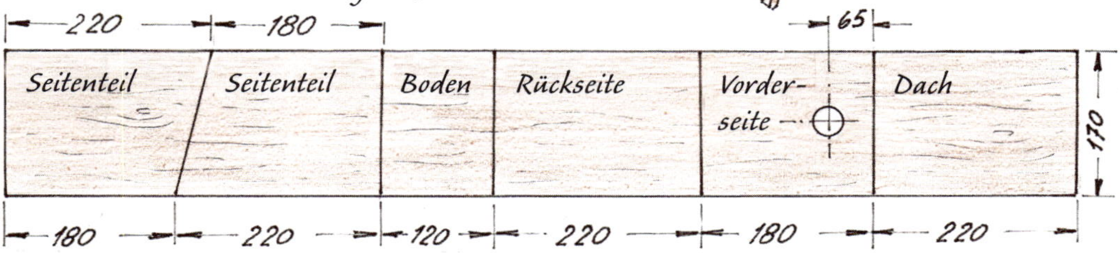

Alle Teile werden aus einer Brettlänge von 114 cm gesägt

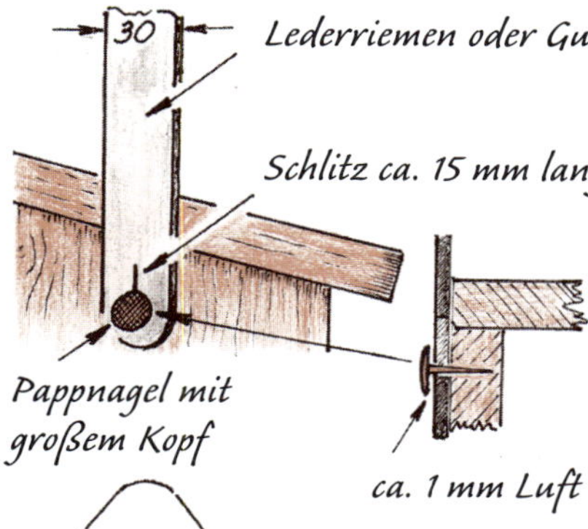

Wer in seiner Gartennähe Spechte heimisch hat oder in Waldnähe wohnt, sollte das Flugloch zusätzlich mit einem Spechtschutz versehen. Spechte hacken gern am Flugloch, um es zu vergrößern. (Im Wald ist dieser Spechtschutz an Nistkästen oft zu sehen.).

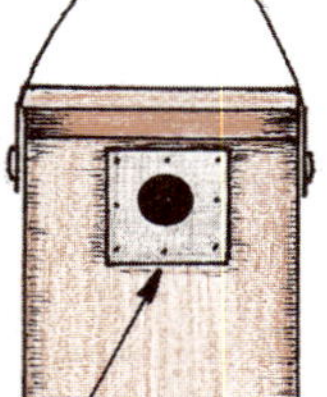

Spechtschutz aus Blech ca. 8 x 8 cm groß

Durch den Schlitz im Aufhängeband lässt sich der Nistkasten mühelos an jedem Ast auf- und auch wieder abhängen.

Nistkästen und Halbhöhlen werden zwischen 1,5 bis 3 m hoch aufgehängt.

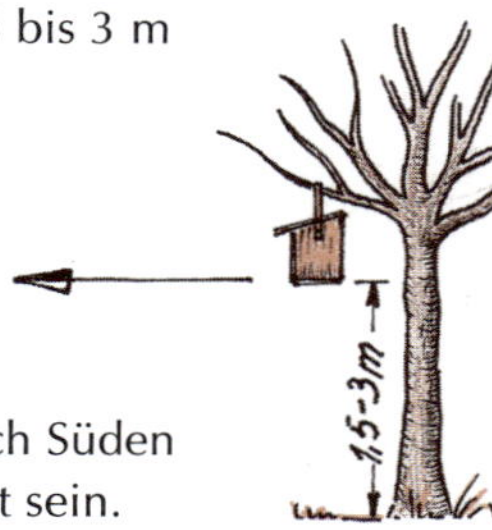

Das Flugloch soll nach Süden bis Südosten gerichtet sein.

Bauanleitung Halbhöhle

Grauer Fliegenschnäpper

Nischenbrüter

Gartenrotschwanz

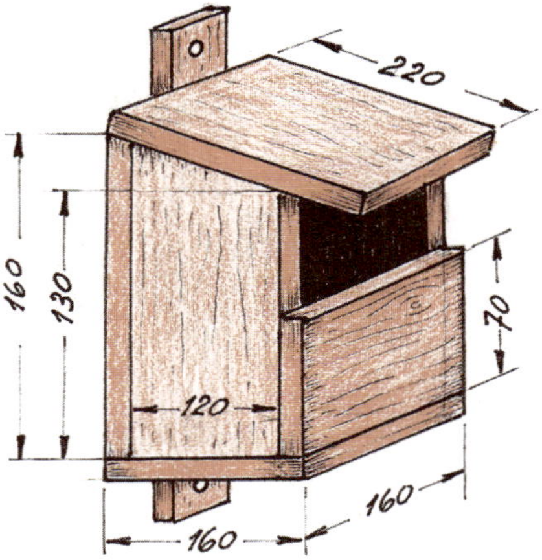

Maße in mm

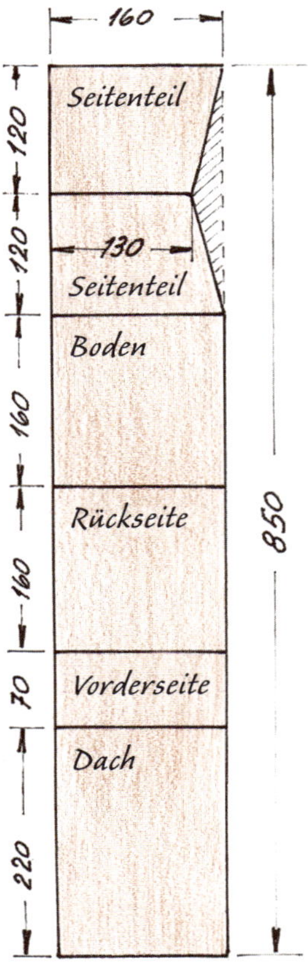

Die Maße beziehen sich auf eine Brettdicke von 2 cm

Bachstelze u.a.

Auch Halbhöhlen können mit einem Aufhängeband ausgerüstet und freihängend angebracht werden

Andere Modelle von Halbhöhlen

Befestigung an der Hauswand

Mauerlöcher und Aussparungen (Niststeine) an den Hauswänden werden gern von Nischenbrütern als Nistplatz angenommen

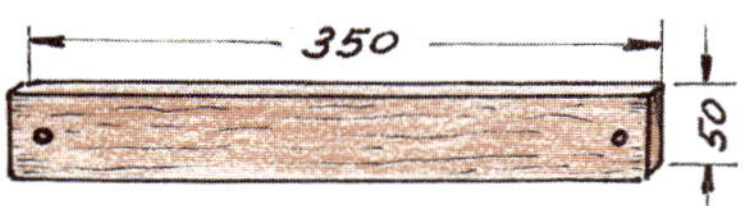

Aufhängung

Die Vogellaube

Diese Vogellaube sollte dort aufgestellt werden, wo (noch) nicht genug Gebüsch vorhanden ist, z.B. in Neubaugebieten. Das etwa einen Kubikmeter umfassende Gestell wird mit Reisig, Zweigen und Geäst aufgefüllt und mit einem Maschendraht (Maschenweite 5 cm) umspannt. So kommn zwar Vögel, aber nicht Katzen in die Laube hinein (oben).
Eine weitere Anregung zum Nestbau für Freibrüter ist das Zusammenbinden von Zweigen zu Nestquirlen in Hecken und Gebüschen (links).

Gebundene Nestquirle regen Freibrüter zum Nestbau an wie:
Nachtigall, Rotkehlchen, Mönchsgrasmücke, Girlitz, Heckenbraunelle, Buchfink u.v.m..
In die Nähe der Nistgelegenheit kann Nistmaterial gehängt und gelegt werden wie Heu, Stroh, Laub, Federn, Wolle, Haare, Papierschnitzel u.v.m.

Eine Nisthilfe für Schleiereulen

Früher hatte jeden Scheune eine „Ulenflucht“. In den heutigen modernen Scheunen gibt es leider für Schleiereulen kaum noch Nistgelegenheiten. Als besonders geeignete Nisthilfe hat sich der hier abgebildete Brutkasten bewährt, der auch als Tagesschlafplatz benutzt werden kann. Der Kasten wird innerhalb eines ruhigen Gebäudes an der Giebelwand befestigt und sollte in Scheunen mit einem Flugloch zum Innenraum des Gebäudes ausgerüstet sein. Die Aufhängehöhe beträgt mindestens drei Meter.

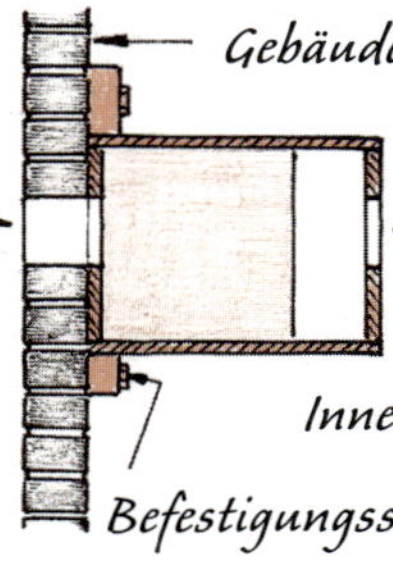

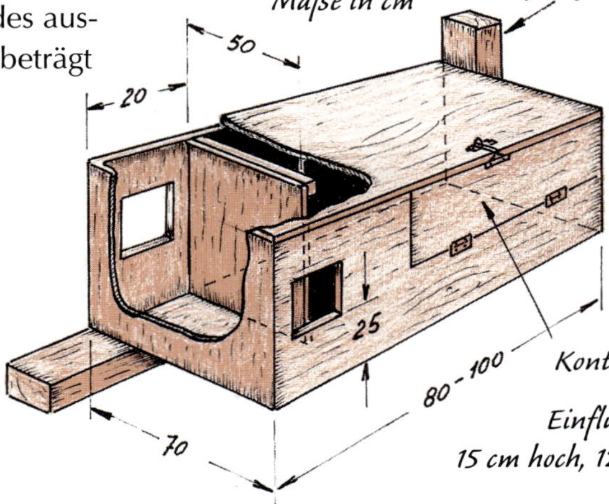

Niströhre für Steinkäuze

Der Steinkauz ist ein Brutvogel ortsnaher Obstgärten mit alten hohlen Bäumen.

Alte hohle Bäume sind in unserer Landschaft selten anzutreffen, deshalb macht es Sinn, eine künstliche Nisthöhle zu bauen.

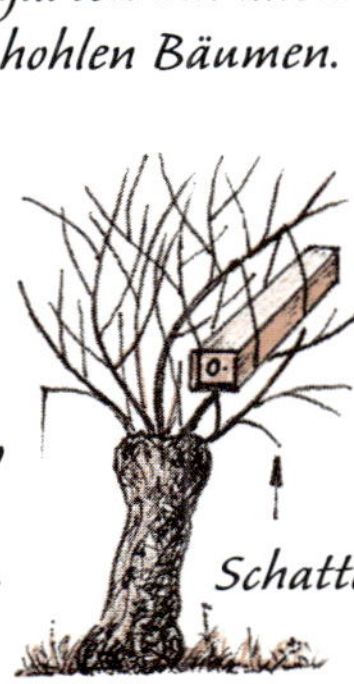

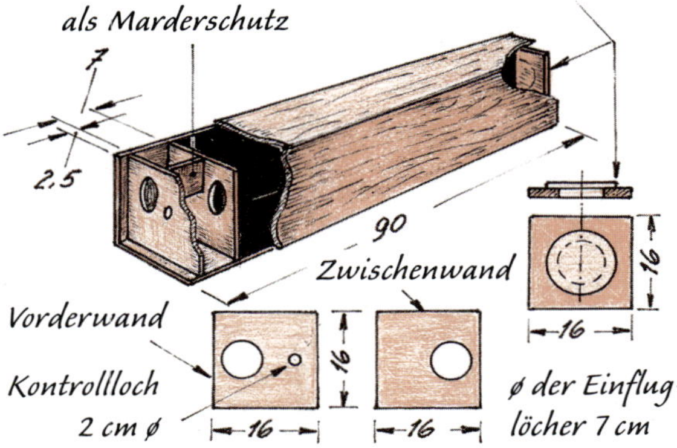

Mit einer Taschenlampe kann durch das Kontrollloch bis ins Hintere der Röhre (zwecks Besatzkontrolle) geleuchtet werden.

Weitere Nistgelegenheiten

Nistkästen für Wald- und Gartenbaumläufer haben einen Einflugspalt, der dicht am Stamm liegt. Geeignete Bäume für diese Vögel haben eine raue Rinde, unter der sich allerlei Insekten finden lassen.

Maße in mm

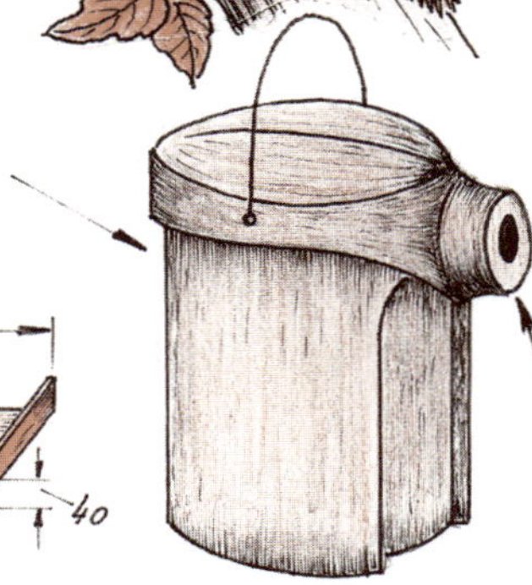

Vorgebauter Marderschutz

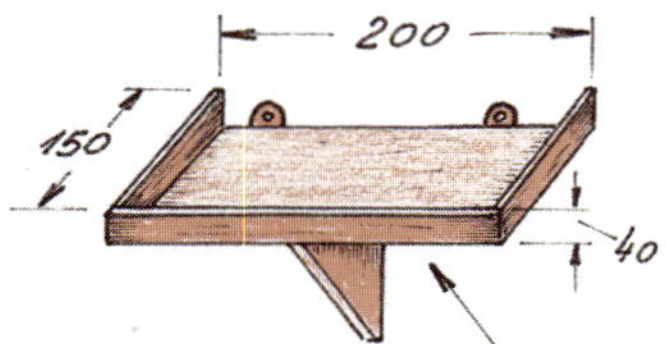

Nestbrett für Rauchschwalben

Kunstnester für Rauchschwalben

Kunstnest für Rauchschwalben

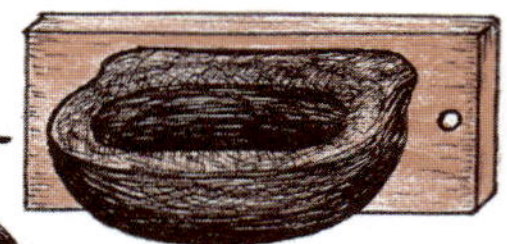

Mehlschwalben bauen ihre kugelförmigen Nester in Kolonien an den Außenwänden von Gebäuden unter den Dachtraufen. Rauchschwalben brüten einzeln innerhalb von Gebäuden. Da beide Arten es sehr schwer haben, in unserer aufgeräumten Landschaft noch genügend Nestbaumaterial in Schlammpfützen zu finden, sollte man mit im Handel erhältlichen Kunstnestern (siehe Abb. oben) aushelfen.

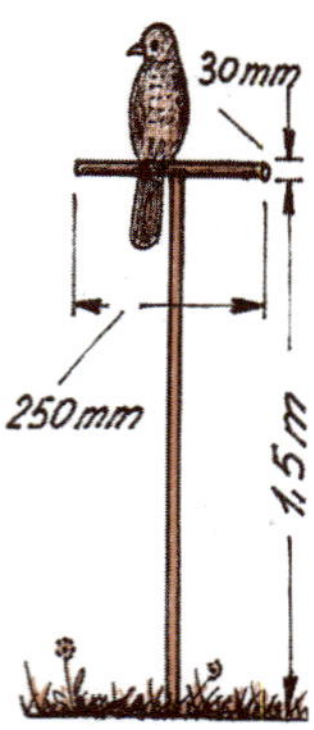

Sitzkrücke für den Mäusebussard

Niststein zum Einbau in Mauern. Loch ø 10 mm

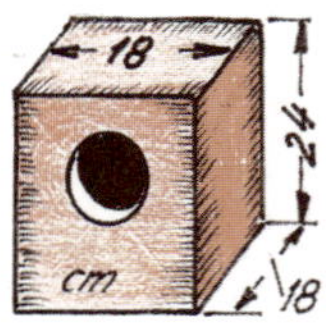

Katzenschutz für Nistkästen

Ein Katzenschutz ist sinnvoll, um am Stamm befestigte Nistkästen vor Katzen zu schützen. Er kann leicht angefertigt werden (siehe unten). Die Anzahl der Glieder ist abhängig von der Stammdicke des zu schützenden Baumes. Nach dem Anlegen des Schutzringes werden die Drahtenden ringsherum um etwa 45° abgespreizt. Damit Katzen wirksam abgehalten werden, muss der Katzenschutz mindestens 1,20 m hoch angebracht werden. Er sollte aber auf jeden Fall für spielende Kinder unerreichbar sein (Verletzungsgefahr).

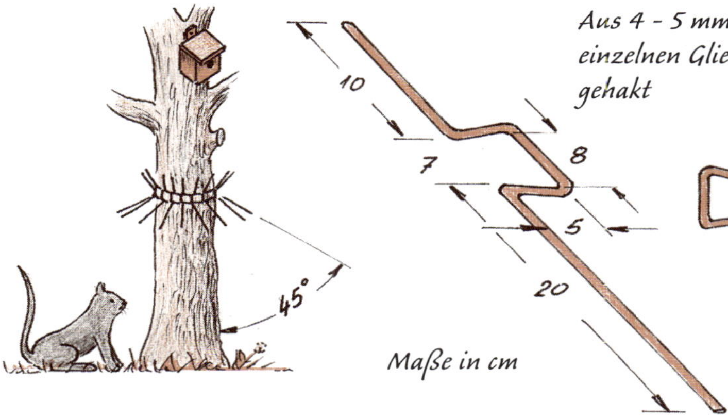

Aus 4 - 5 mm dickem Zaundraht werden die einzelnen Glieder gebogen und aneinander gehakt

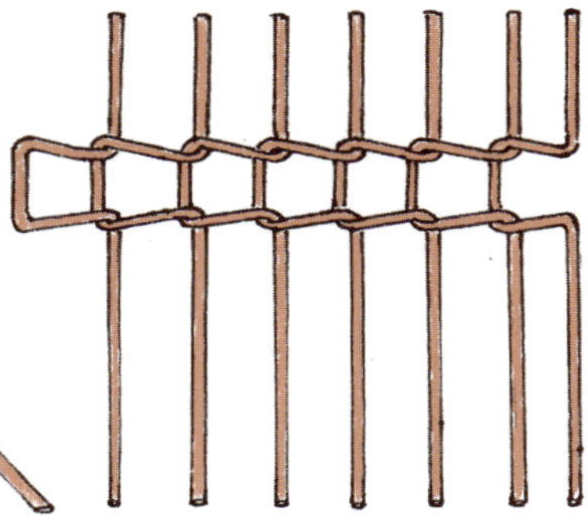

Vogelbad und Tränke

Vögel baden gern, und das nicht nur bei warmem Wetter. Ein Vogelbad, das auch gleichzeitig als Tränke dient, ist mit Hilfe einer starken Verpackungsfolie schnell gebaut (siehe Abb.). Das Bad sollte an einer freien, übersichtlichen Stelle angelegt werden, damit sich Katzen nicht in der Nähe verstecken können. Zum Anflug und Trocknen der Gefieder dienen einige in den Boden gesteckte, laubfreie Äste.

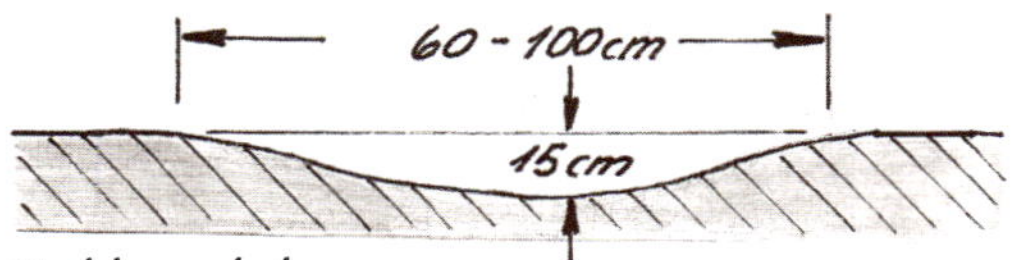

Mulde ausheben ...

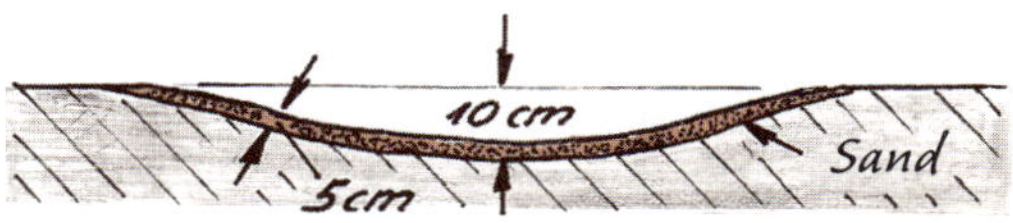

... und mit Sand belegen.

Folie einlegen.

Rand mit Steinen und Sand abdecken. Wasser einlassen.

Einige Insektenunterkünfte

Bei der biologischen Schädlingsbehandlung sind einige Nutzinsekten von großer Bedeutung. Für sie sollten passende Unterkünfte bereitgestellt werden.
Die Insektenbehausungen werden je nach Art aufgehängt oder an geeigneter Stelle ausgelegt. Alle nicht in Kolonien lebenden Insekten wie z.B. Hautflügler, Netzflügler und Zweiflügler nehmen diese Unterschlüpfe gerne an.

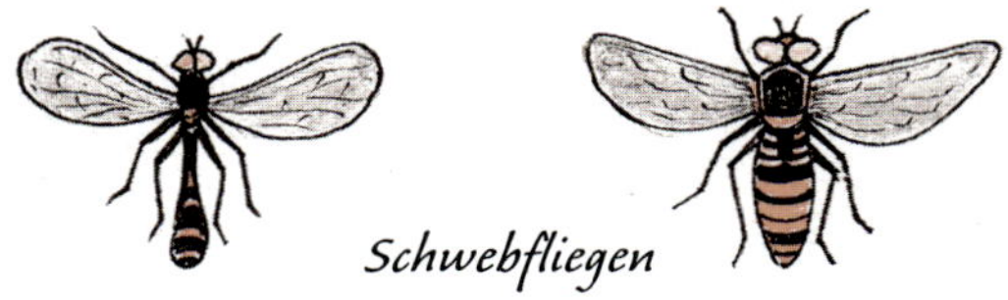

Schwebfliegen

Florfliege

Erzwespe (Zehrwespe)

Schlupfwespen

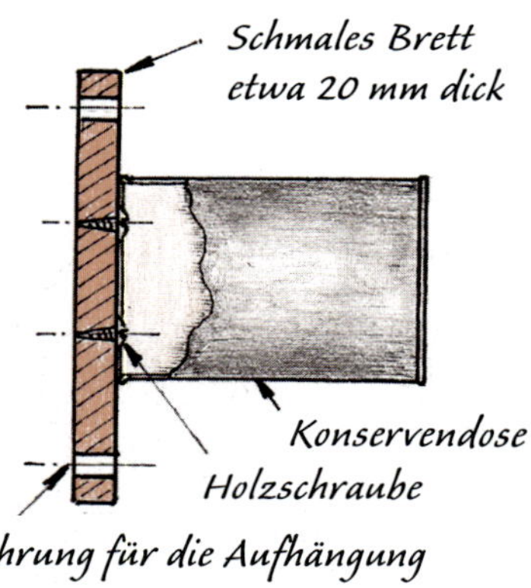

Hohlstängel aus Pflanzenmaterial unterschiedlicher Dicke

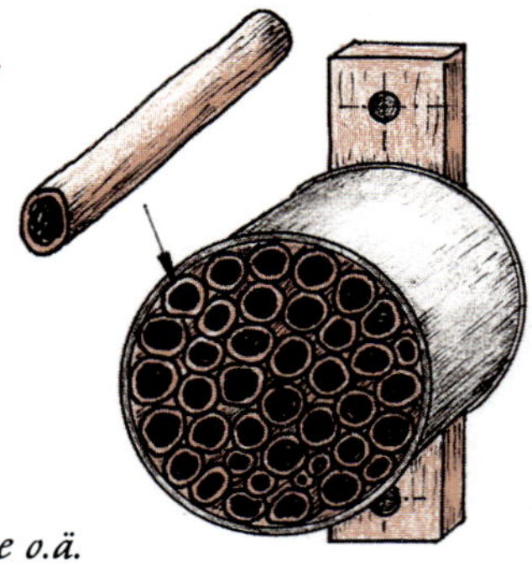

Die Konservendose o.ä. wird mit Hohlstängeln stramm ausgefüllt

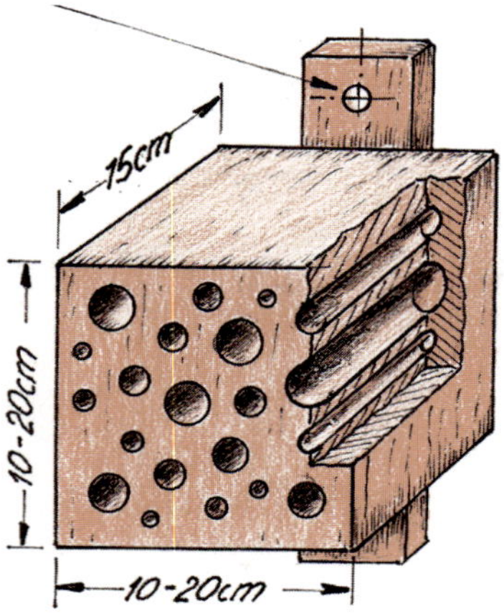

Holzblock mit unterschiedlich großen Löchern (von 6 - 12 mm ø)

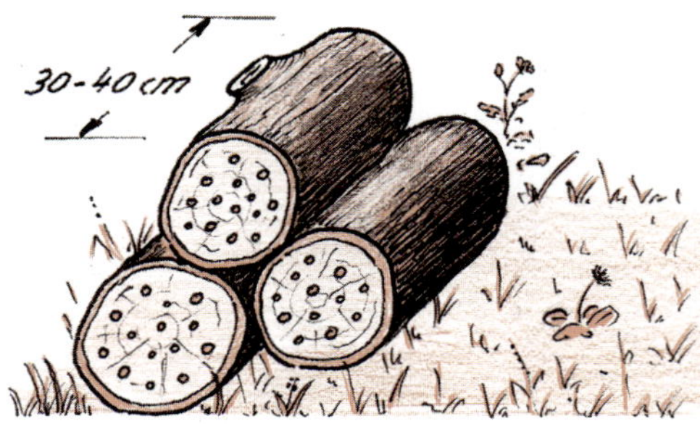

Baumstammenden werden von beiden Seiten etwa 12 cm tief angebohrt

Bauanleitung Igelhöhle

Früher überwinterten Igel oft in hohlen Bäumen, Holzstößen oder offenen Schuppen. Diese Überwinterungsmöglichkeiten sind vielerorts nicht mehr vorhanden. Igel sind in Biogärten gerne gesehene Schädlingsbekämpfer. Ein Winterquartier kann einfach bereitgestellt werden.

An einem ruhigen Platz, etwa unter Büschen, wird die Steinhöhle so aufgebaut, dass die Öffnung nach Süden bis Westen zeigt. Wenn möglich sollte der Standort leicht erhöht liegen, damit sich bei Dauerregen kein Wasser im Schlafraum sammeln kann.

Steinhöhle
Das Fundament oder auch Gerüst dieser Steinhöhle bildet die unten abgebildete Holzkiste.

Dachvorsprung über dem Eingang

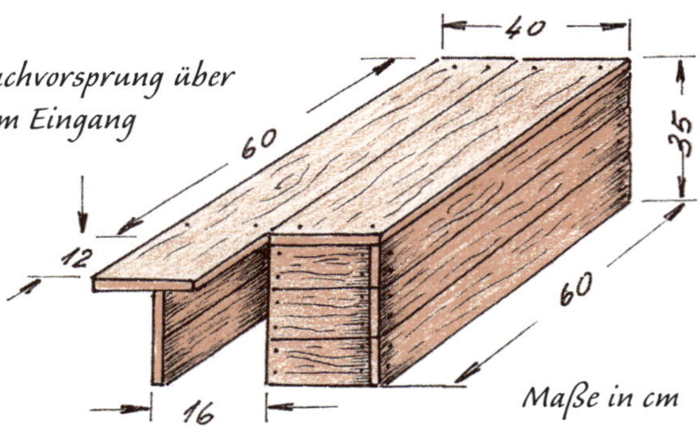

Nach diesen Maßen wird aus 2 cm dicken Brettern (keine Spanplatte) der Innenraum angefertigt. Einen Boden erhält die Kiste nicht.
Igel sind sehr geruchsempfindlich. Deshalb auf keinen Fall Holzschutzmittel verwenden.

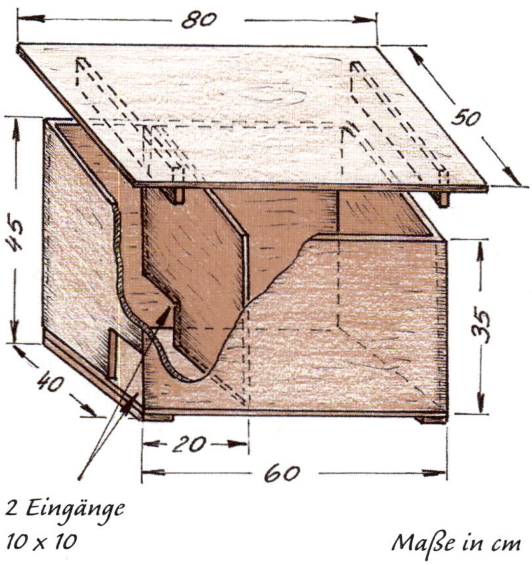

Igelhaus mit abnehmbarem Dach

In der Steinhöhle braucht kein Nistmaterial vorhanden zu sein, das besorgt sich der Igel selbst. Es muss nur etwas Brauchbares in der Nähe herumliegen, beliebt sind Heu und Stroh.
Gärten ohne Buschwerk und Gestrüpp sind nicht igelfreundlich. Ebenso Gärten, in denen chemische Pflanzenschutzmittel eingesetzt werden. Gibt es im Garten verwilderte Ecken, finden sich Igel von selbst ein und werden heimisch. Igel benötigen viel Wasser (keine Milch!), um ihren Durst zu stillen, das häufig erneuert werden muss und immer an der gleichen Stelle stehen soll.

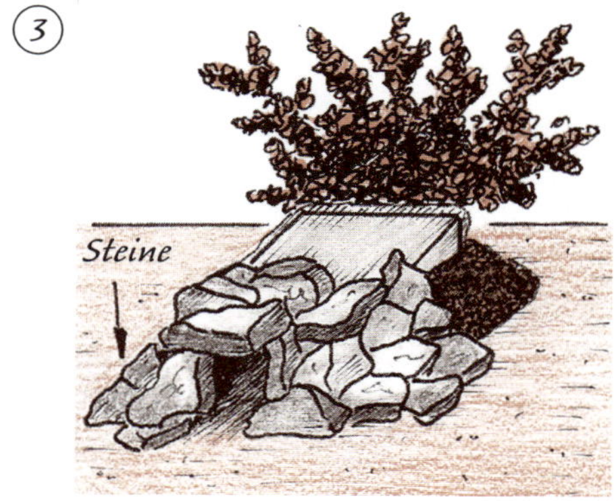

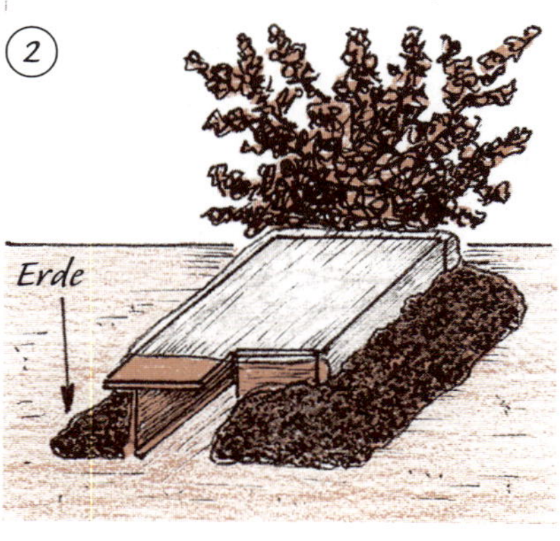

1 *Kiste mit Folie abdecken, damit vom Dach kein Wasser in die Höhle tropfen kann.*

2 *Ringsherum Erde anhäufen, dadurch bekommen die Steine einen guten Halt.*

3 *Steine aufschichten und der Höhle eine schöne Form geben. Nur Natursteine verarbeiten.*

Bauanleitung Fledermauskasten

Fledermäuse jagen nachts nach Insekten und fangen damit die Insekten, die von den Vögeln tagsüber nicht erwischt werden.

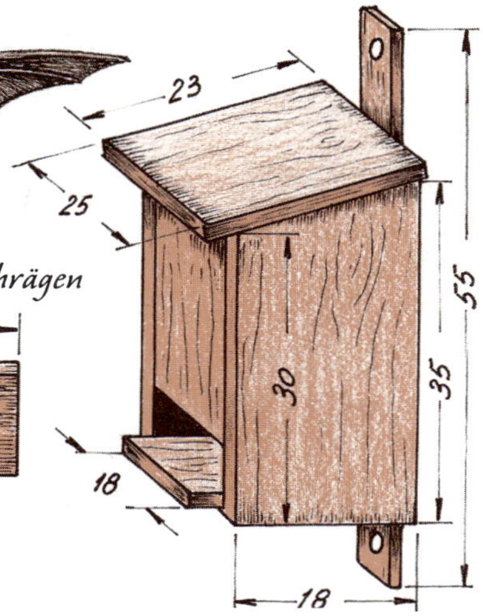

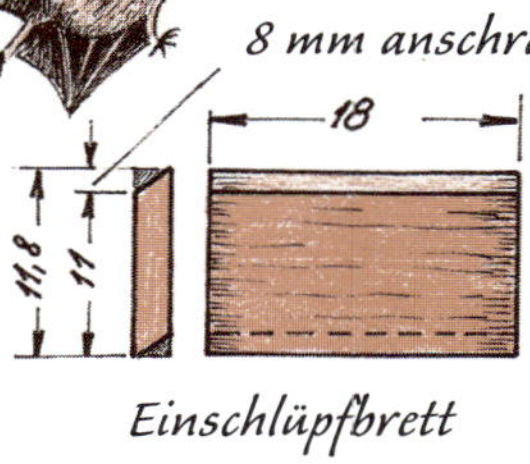

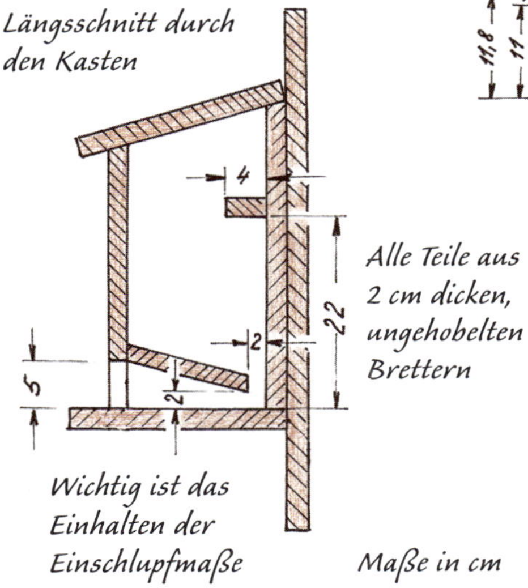

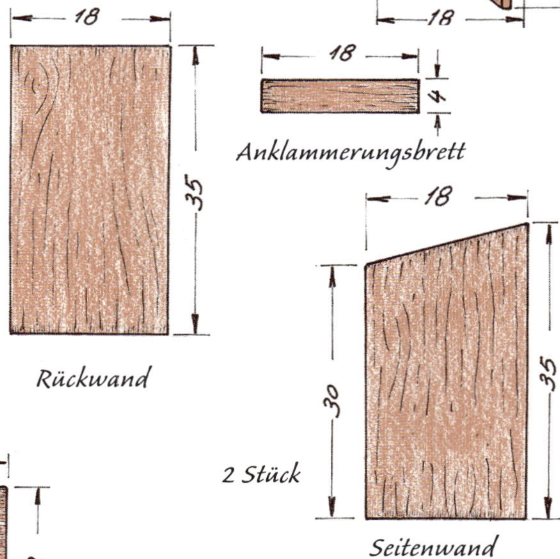

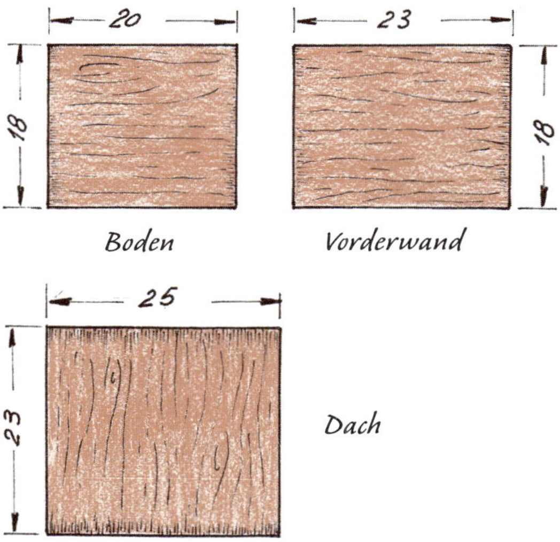

Der Kasten sollte innen rau sein, damit die Tiere sich gut anklammern können. Aufgehängt wird er an einer windgeschützten Stelle, zwei bis sechs Meter hoch, mit dem Einschlupfloch nach Süden bis Südwesten.

Fledermäuse brauchen einen freien Anflug zu ihren Quartieren. Dichte Baumbestände sind daher als Hängeplatz ungeeignet.

Steinhaufen

Steinhaufen im Garten sind durch das Wärmespeichervermögen der Steine und die vielen Hohlräume im Inneren des Haufens ein idealer Lebensraum für viele Tiere.

Kröten, Blindschleichen, Laufkäfer, Eidechsen, Spitzmäuse und noch viele andere Tiere finden sich bald nach der Errichtung des Haufens von selbst ein. Mit ein wenig Glück richtet sich auch ein Mauswiesel häuslich ein.

Als Steinmaterial sind Steine, die in der näheren Umgebung in freier Natur vorkommen, die richtige Wahl. Einige knorrige, dickere Äste werden in den Steinhaufen mit eingestapelt. So entstehen schöne Hohlräume, von denen recht viele vorhanden sein sollen.

Auch Gehäuseschnecken suchen hier gerne Unterschlupf. Viele dieser Schnecken fressen die Eier von Nacktschnecken.

Grundfläche des Steinhaufens nicht unter 1 m², je größer, desto besser

Ohrwurmbehausungen

Ohrwürmer sind nachtaktiv und ernähren sich unter anderem auch von Blattläusen. Mit einem transportablen Unterschlupf lassen sich die kleinen Helfer dahin bringen, wo sie zur Blattlausbekämpfung gebraucht werden.

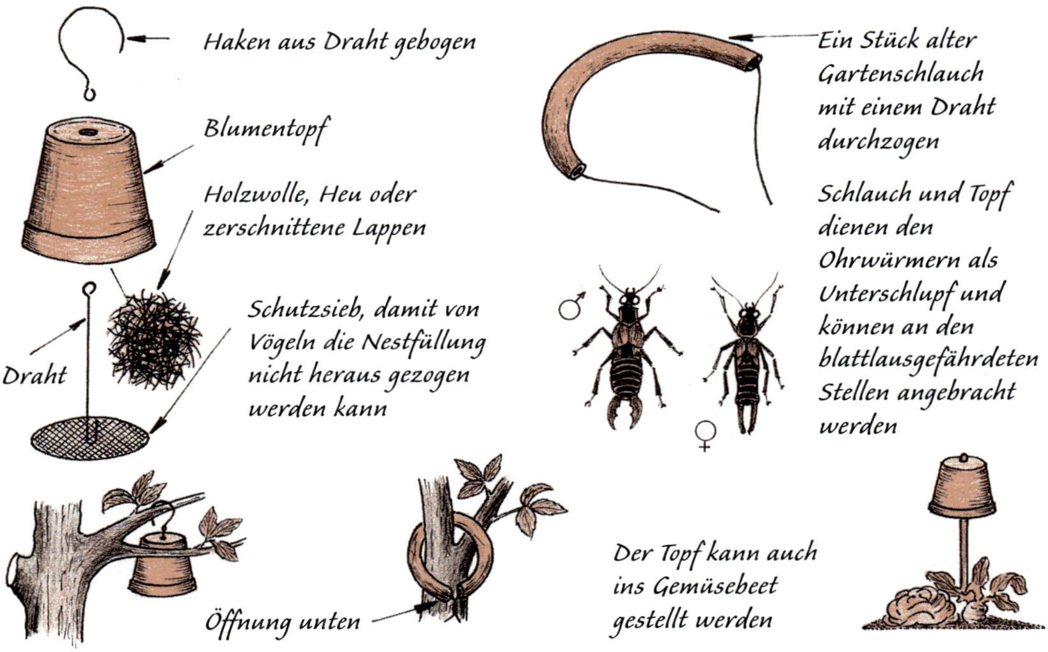

Winterquartier für Marienkäfer

Am liebsten überwintern Marienkäfer in alten, vermoosten Baumstümpfen und Holzstämmen mit loser Rinde. Solch ein Platz ist im Garten oft nicht vorhanden. Ein dichtgepackter Reisighaufen mit einem Kern aus alter Baumrinde und etwas Moos wird gern von Marienkäfern angenommen. Hier überwintern sie oft in großen Scharen. Ebenfalls beliebt sind auf dem Beet verbliebene Staudenreste, in denen sich Herbstlaub verfangen hat, deshalb das Zurückschneiden der Stauden am besten auf das Frühjahr verschieben.

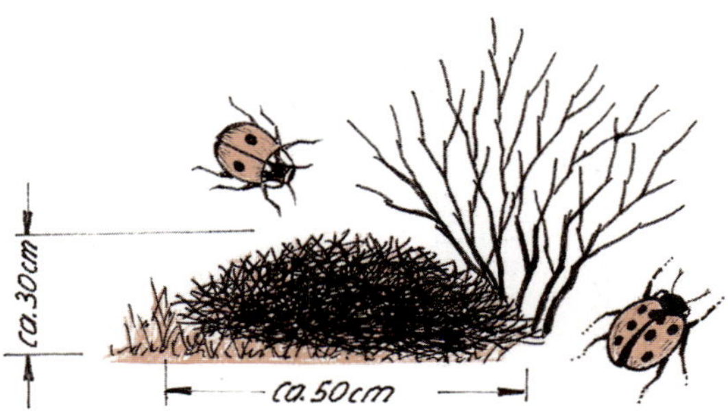

Die Vogelfütterung im Winterquartier

Die natürliche Vogelfütterung ist auf jeden Fall der künstlichen vorzuziehen. Eine intakte Natur bietet den Vögeln auch im Winter einen reichlich gedeckten Tisch.
Hier eine kleine Auswahl an Futterpflanzen, die auch im Winter für die gefiederten Gartenhelfer Nahrung bereithalten.
Das Problem der Winterfütterung wäre schon gelöst, wenn es statt Rasen mehr Naturwiese gäbe und statt der eintönigen Koniferen auch viele einheimische Heckensträucher ihren Platz in den Gärten hätten.
Für die Zufütterung im Winter an Futterhäuschen und ähnlichem gilt es einige Regeln zu beachten, falsch verstandene Naturliebe schadet mehr als sie nützt. Heimische Standvögel werden mit der kalten Jahreszeit meist gut fertig. Nur in extrem kalten und schneereichen Wintern ist eine Fütterung nötig.
Eine zwar gut gemeinte, aber falsch verstandene Tierliebe bei der Winterfütterung wirkt sich sehr nachteilig auf die natürlichen Regelkreise der Natur aus.
Das stetige und reichliche Füttern lockt viele Vögel aus ihren angestammten Revieren (in Wald und Flur) in die Nähe der Häuser. Die Folge ist ein verstärktes Auftreten von Insekten in den verlassenen Revieren. Durch die leicht erreichbare Nahrung werden die Vögel träge und halten sich nur noch in der Nähe der Futterplätze auf. Sie bekommen Übergewicht und werden krankheitsanfällig (z.B. für Salmonellen). Im Frühjahr sterben dann viele Vögel.

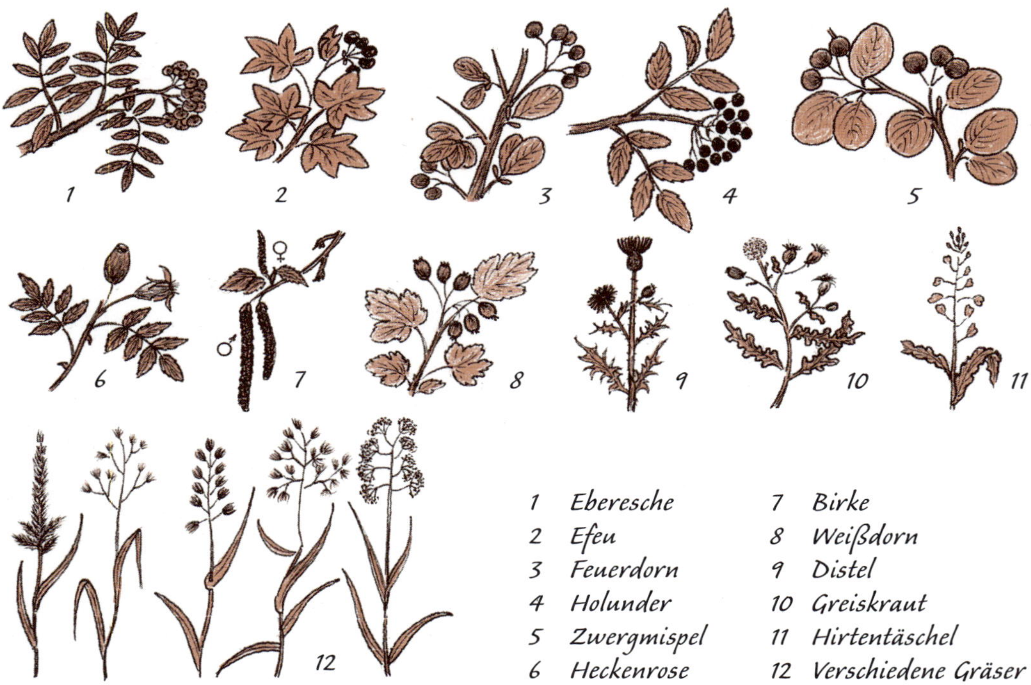

1	Eberesche	7	Birke
2	Efeu	8	Weißdorn
3	Feuerdorn	9	Distel
4	Holunder	10	Greiskraut
5	Zwergmispel	11	Hirtentäschel
6	Heckenrose	12	Verschiedene Gräser

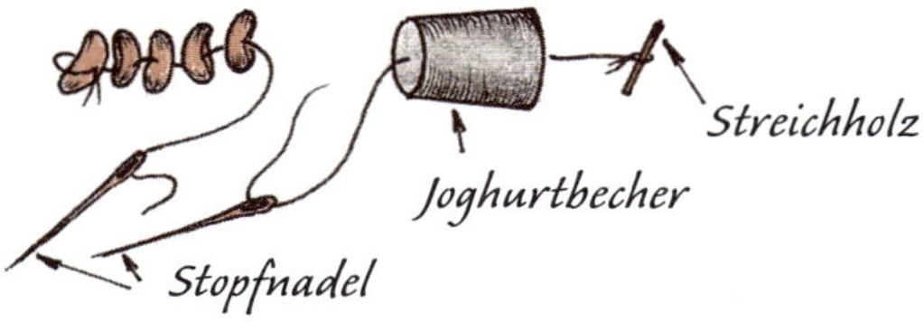

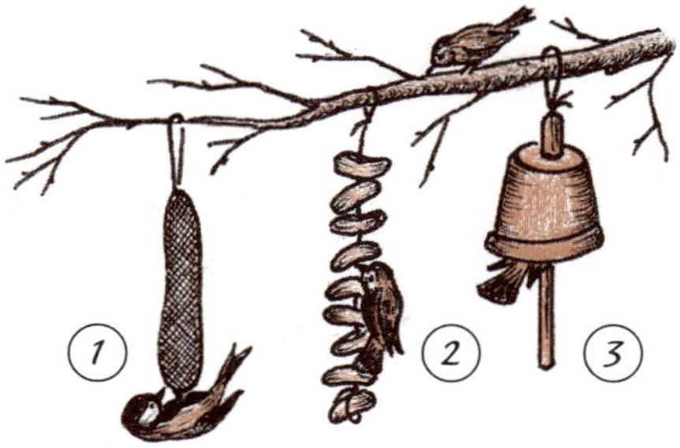

Artgerechtes Vogelfutter im Winter:
1 Feinmaschiges Netz mit Sonnenblumen
2 Aufgefädelte, ungesalzene Erdnüsse
3 Kerne-Rinderfettmischung in Blumentopf mit Holzstab als Futterglocke

Schon die Art der Fütterung kann dazu beitragen, dass die Vögel in Bewegung bleiben und nicht überfüttert werden. Insektenfresser mögen gern ein Weizen-Kleie -Gemisch. Körnerfresser lieben Hanf- und Sonnenblumenkerne. Das Futter wird in erwärmtes Rinderfett gemischt, in einen Behälter (Joghurtbecher, Blumentopf o.ä.) gegossen und katzensicher aufgehängt. An diesen Futterglocken haben die Vögel genug Bewegung und fressen nur so viel, wie sie Hunger haben. Um der Übertragung von Vogelkrankheiten vorzubeugen, müssen Futtereinrichtungen öfter gereinigt werden. Bei Tauwetter wird die Fütterung sofort eingestellt.

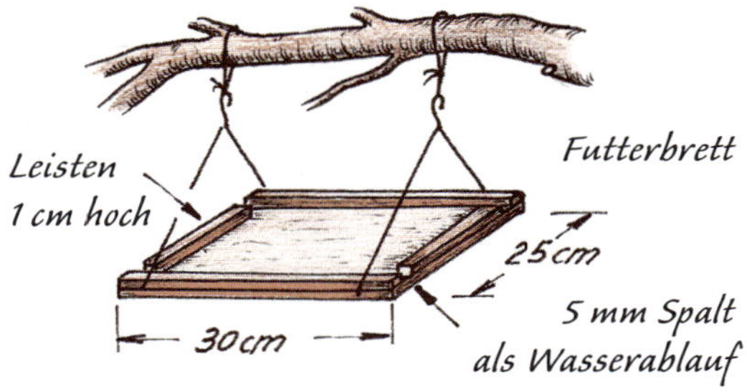

Schädlingsabwehr

Ein humusreicher, richtig gedüngter und gemulchter Boden gewährleistet eine harmonische Ernährung und gute Gesundheit der Pflanze.
Zur Verhütung von Schädlingsbefall dienen darüberhinaus folgende Maßnahmen:

- Förderung der Nützlinge.
- Einhalten der richtigen Pflanzabstände.
- Mischkultur.
- Fruchtfolge.

Extreme Witterung wie Hitze, Nässe oder Kälte führen zu Saftstau und vermindertem Wachstum. Derart geschwächte Pflanzen werden bevorzugt von Schädlingen befallen.

Pappkragen als Abwehrmaßnahme gegen die Kohlfliege

Schnecken halten sich tagsüber gern unter Brettern und abgeschnittenen Rhabarberblättern auf

Im Handel erhältliche Schlagfalle für Feldmäuse

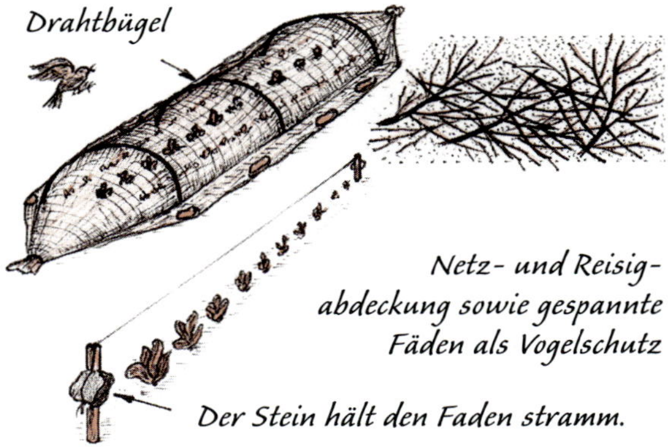

Netz- und Reisigabdeckung sowie gespannte Fäden als Vogelschutz

Spannbügel- und Röhrenfalle für Wühlmäuse

Eingegrabene Flaschen verursachen einen Pfeifton, wenn der Wind darüber streicht.

Wühlmäuse sind sehr geräuschempfindlich und lassen sich durch Geräusche vertreiben, die sich im Boden verbreiten.

Frühbeetkasten mit Schneckenzaun aus abgeknicktem Zinkblech

Darum muß der Boden immer wieder überprüft, bei Bedarf gelockert, gegossen und gemulcht werden, außerdem kann mit Hilfe von selbst hergestellten Pflanzenbrühen und -jauchen bzw. käuflichen Produkten das Wachstum wieder in Gang gebracht werden.
Hier nun einige mechanische Maßnahmen, die das Ausbreiten der Schädlinge stark einschränken.
Zum Fangen von Feldmäusen werden Schlagfallen benutzt, die es in jedem Haushaltswarengeschäft gibt. Um Vögel und Igel zu schützen, werden die Fallen in einem Tunnel aufgestellt. Als Köder haben sich Haselnüsse bewährt.
Für Wühlmäuse gibt es spezielle Fallen (Landhandel), die in der Erde aufgestellt werden. Besonders wirksam ist die Röhrenfalle. Sie wird ohne Köder aufgestellt. Wühlmäuse sind geruchsempfindlich, Menschengeruch meiden sie. Deshalb sollten unbedingt Handschuhe angezogen werden. Die aufgestellten Fallen müssen öfter kontrolliert werden.

Im Frühbeet können die Jungpflanzen mit einem Schneckenzaun vor Schneckenfraß geschützt werden. Eine aus abgeknicktem Zinkblech hergestellte Beetumrandung kann von Schnecken nicht überwunden werden.
Ausgelegte Bretter oder Rhabarberblätter, unter denen sich die Schnecken tagsüber verkriechen, helfen beim Absammeln der lästigen Vielfraße. Zusätzlich kann man die Gelege der Schnecken, die sich oft im hohen Gras oder unter Laub in Erdmulden befinden, einsammeln und vernichten. Schnecken ist schwer beizukommen, wenn sie sich erst einmal vermehrt haben. Man sollte sie schon an der Grundstücksgrenze abfangen, z.B. mit Leckereien wie Roggenschrot und Tagetes. Im Ökolandbau ist metaldehydhaltiges Schneckenkorn zugelassen. Auch dieses wird am besten an der Grundstücksgrenze ausgestreut. Trotzdem bleibt neben der Ansiedlung von Nützlingen das Absammeln nach wie vor die beste Methode zur Eindämmung von Schnecken.
Der Apfelwickler ist einer der größten Apfelschädlinge. Die Larve überwintert unter Borkenschuppen am Stamm der Bäume. Wird ein Fanggürtel aus Wellpappe angebracht, schlüpfen viele der Larven hier unter. Ende Mai sollte der erste Gürtel angebracht werden. Ende Juli wird ein neuer Gürtel am Stamm befestigt, der bis Ende September bleibt. Die abgenommenen Gürtel werden verbrannt.
Dies und das tägliche Auflesen des Fallobstes sind wesentliche Hilfen zur Dezimierung des Schädlings.

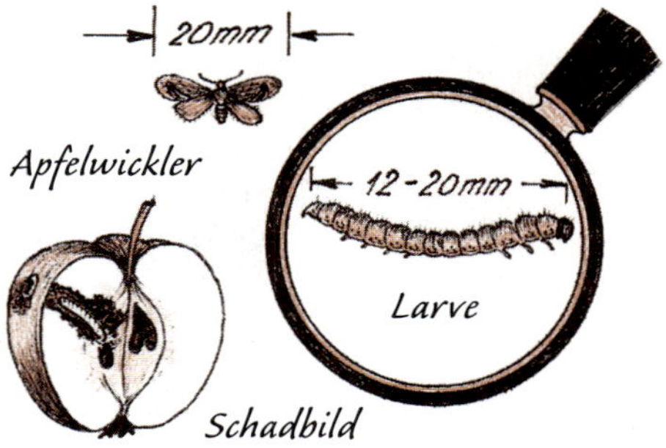

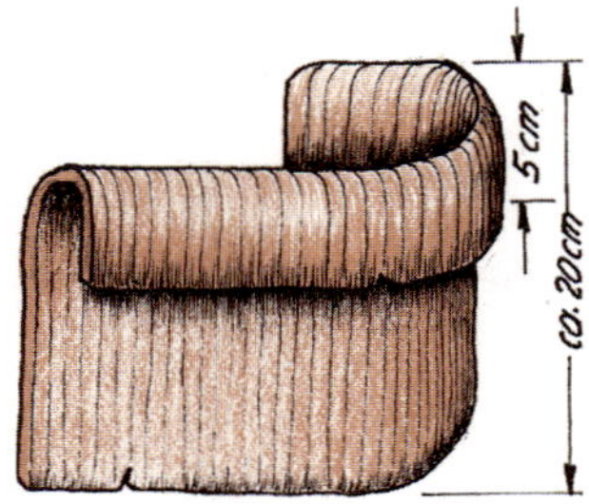

Fanggürtel aus Wellpappe

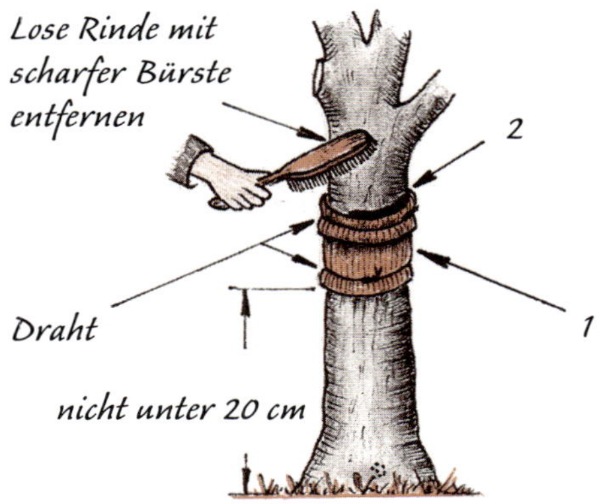

1 *Fanggürtel aus Wellpappe*
2 *Hohlräume im oberen Randabschluss mit Lehm verschließen*

Abgenommene Gürtel verbrennen

Käufliche Hilfs- und Pflegemittel

SPS
Konzentrat aus Wildkräuterextrakten mit Protoanemonin. Pilz-und Virusvorbeugemittel mit hoher Wirksamkeit. Es hat sich zur guten Stecklingsbewurzelung und zur Pflege von Aussaaten und pikierten Jungpflanzen gegen Keimlingspilze bewährt.

Bio-S
Aus einer Kombination von Kalk, silikonhaltigen Mineralien, Heilkräutern, Meeresalgen und Schwefel besteht dieses gegen Pilzbefall vorbeugende und pflanzenstärkende Mittel. Bio-S wird hauptsächlich gegen Schorf und andere Pilzkrankheiten im Obst- und Gemüsebau gespritzt.

Algifert
Konzentrat aus Meeresalgen, Auxinen und Enzymen mit zahlreichen Spurenelementen.

Preicobakt
Dieses Pulver aus organischen und mineralischen Natursubstanzen hat sich bei Obstgehölzen während des blattlosen Zustands als Vorbeugemittel gegen Moose, Flechten, Frostschäden und Knospenfraß durch Vögel bewährt. Außer zum Stammanstrich kann es auch als Kronenspritzung verwendet werden.

Hersteller von Pflanzenstärkungs- und Düngemitteln

- ohne Anspruch auf Vollständigkeit: hier können Sie die Adressen von Händlern in Ihrer Nähe erfahren oder direkt bestellen.

Snoek GmbH
Tannenweg 10
D-27356 Rotenburg/Wümme
Tel.: 04268-400
Fax: 04268-1313
www: snoek-naturprodukte.de

W. Neudorff GmbH KG
An der Mühle 3
D-31860 Emmerthal
Tel: 05155-624-0
Fax: 05155-6010
www:neudorff.de

Mr. Evergreen GmbH
Wilhelmsthal 4
D-34379 Calden
Tel.: 05674-9992-0
Fax: 05674-9992-33
www:mr-evergreen.de

Biofa GmbH
Rudolf-Diesel-Str. 2
D 72525 Münsingen
Tel.: 07381-93540
Fax.: 07381-9354-49
www: biofa-farming.com

Gebrüder Schätte KG
Postfach 63
D-88331 Bad Waldsee
Tel.: 07524-4015-0
Fax: 07524-4015-40
www:schaette.de

Oscorna-Dünger GmbH&Co
Postfach 4267
D-89032 Ulm
Tel.: 0731-946640
Fax: 0731-481291
www:oscorna.de

Österreich:

Bio-Furtner
Hauptstr. 5
A 3031 Rekawinkel
Tel.: 0043-2233-57025
Fax.: 0043-2233-570254
www.biofurtner.com

Schweiz:

Andermatt Biocontrol AG
Stahlermatten 6
CH 6146 Grossdietwil
Tel.: 0041-629175005
Fax.: 0041-629175006
www.biocontrol.ch

Biologisches Saatgut

(ohne Anspruch auf Vollständigkeit)

Dreschflegel GbR
Postfach 1213
37202 Witzenhausen
Tel: 05542-502744
Fax: 05542-502758
www:dreschflegel-saatgut.de

Demeter-Saatgut
Fa. Allerleirauh GmbH
Kronstr. 24
61209 Echzell
Tel.: 06035-81216
Fax: 06035-81275
www:allerleirauh.com

Hild Samen
Kirchenweinbergstr. 115
71672 Marbach/Neckar
Tel.: 07144-8473-11
Fax: 07144-8473-99
www:hildsamen.de

Karl Sperling GmbH
Postfach 2640
21335 Lüneburg
Tel.: 04131-30170
Fax: 04131-301745

Magic Garden Seeds
Moritzstr. 1
34127 Kassel
Fax: 05542-5014-38
www:magic-garden-seeds.de

Österreich:

ReinSaat Emmelmann GnbR
Am Hornerwald 69
A 35 72 St. Leonhard
Tel.: 00432987-2347
Fax: 0043298723474
www.reinsaat.com

Schweiz:

Samen Mauser
Industriestr. 24
CH 8404 Winterthur
0041-522342525
0041-522335746
www.samen-mauser.ch

Weitere Bücher im ökobuch Verlag

Gottfried Haefele, Wolfgang Oed, Ludwig Sabel

Hauserneuerung

Instandsetzen - Renovieren - Modernisieren: eine Anleitung zur Selbsthilfe. Das Buch beschreibt ausführlich den behutsamen, handwerklich sachgerechten und umweltverträglichen Umgang mit alter Bausubstanz.
237 S., 200 Abb., 21 x 21 cm , 8. verbesserte Aufl. 2003 25,50 €

Holger König

Wege zum gesunden Bauen

Aus dem Inhalt: richtige Baustoffwahl, geeignete Baukonstruktionen mit Eigenschaften und Anwendungsbereichen, Beispiele ausgeführter Häuser, Baunormen, Bauphysik, Preise und Bezugsquellen.
264 S. m. v. Abb., 21 x 21cm gebunden, 10.Aufl. 1998 25,50 €

Herbert und Astrid Gruber

Bauen mit Stroh

Bauen mit großformatigen Quadern aus gepreßtem Stroh: gebaute Beispiele, erprobte Bauformen und Konstruktionen, Besonderheiten, neue Projekte und Forschungen.
2. erweiterte Aufl. 2003, 112 S. m. v.Abb., 14,90 €

Ingo Gabriel, Heinz Ladener, Hrsg.

Vom Altbau zum Niedrigenergiehaus

Energietechnische Gebäudesanierung in der Praxis: Nachträgliche Wärmedämmung der Gebäudehülle, Fenstererneuerung, sowie Sanierung der Haustechnik einschließlich Lüftung, Heizung, Sanitär und Elektro.
262 S. m.v.z.T. farb. Abb., 21 x 21 cm, geb. 4. Aufl. 2004 29,90 €

Christopher Day

Bauen für die Seele

Architektur im Einklang mit Mensch und Natur. Eine Anleitung zu einer bewußteren Wahrnehmung der gebauten Umwelt.
189 S.m.v. Abb., 21x21cm, 1998 20,40 €

Gernot Minke

Dächer begrünen – einfach und wirkungsvoll

Ratgeber für die Begrünung von Wohn- und Bürogebäuden, Garagen und Carports. Mit Konstruktionsdetails, Dachaufbauten, Begrünungssystemen, Kosten u. Selbstbauhinweisen. 94 S. m. v. Abb., 17 x 24 cm, 2. Aufl. 2003 12,70 €

Gernot Minke

Das neue Lehmbau-Handbuch

Umfassendes Lehrbuch und Nachschlagewerk: Es zeigt Einsatzmöglichkeiten, Eigenschaften und Verarbeitungstechniken des Baustoffes Lehm. Mit Forschungsergebnissen u. Beschreibungen ausgeführter Lehmhäuser.
340 S. m.v. Abb., 21 x 21 cm, gebunden, 6. erw. Aufl. 2004 35,30 €

Gernot Minke, Friedemann Mahlke

Der Strohballenbau

Ein Konstruktionshandbuch, das Konzeption, bautechnische Besonderheiten und alle Details beschreibt, um aus Strohballen gut gedämmte, dauerhafte Häuser zu bauen. Mit vielen Beispielen. 1. Aufl. 2004, 142 S. m.v. farb. Abb., 15,90 €

Edgar Haupt

Wintergärten - Anspruch und Wirklichkeit

Praxisnahe Anleitung für die Planung und den Bau von Wintergärten: Raumklima, Konstruktionen, Materialien, Verglasungs- u. Klimatisierungssysteme, Bauschäden, Hinweise f.d. Bepflanzung. 3. erw. Aufl. 2001, 190 S. 22,50 €

Anreas Henze, Werner Hillebrand

Strom von der Sonne

Photovoltaik in der Praxis: Techniken, Anwendungsmöglichkeiten, Marktübersicht und Anleitung zum Selbstbau kleiner autonomer Stromversorgungsanlagen für Hütten und Fahrzeuge. 133 S. m.v.Abb., 17 x 24 cm, 1999 12,95 €

Lynn Edwards, Julia Lawless

Naturfarben-Handbuch

Natürliche Farben und Anstriche für Wände, Holzböden und Möbel selbst herstellen und anwenden: Rezepturen, Maltechniken und kreative Raumgestaltung. Durchgehend farbig! 1. Aufl. 03, 190 S. 19x28,6 cm 29,90 €

Holger König, Peter Weissenfeld

Holzschutz ohne Gift

Holzschutz und Holzoberflächenbehandlung in der Praxis mit vielen Anleitungen und Rezepten für alle, die in Haus und Hof selbst zum Pinsel greifen. 15. Aufl. 2003, 172 S. m.v. Abb., 17 x 24 cm br. 15,30 €

Maggy Howarth

Kieselstein-Mosaik

Schöne Böden für Wege und Lieblingsplätze im Garten selbst gestalten. Exakte Anleitungen für einfache und fortgeschrittene Arbeiten mit Tips aus der Praxis. Viele Gestaltungsvorschläge geben Anregung für eigenes kreatives Schaffen.
118 S. m.vielen z.T. farb. Abb., 2001 20,40 €

Claudia Lorenz-Ladener, Hrsg.

Lauben und Hütten

Einfache Paradiese zum Selbstbauen. Bauanleitungen für schnell zu errichtende Behausungen (Tipi, Baumhaus, Kuppelbau, Hogan etc.), sowie für architektonisch gelungene Lauben für den Garten oder die freie Natur.
2002, 190 S. m. vielen z.T. farb. Abb., gebunden 22,50 €

Jon Warnes

Mit Weiden bauen

Anleitungen für Zäune. Laubengänge, Wigwams, Sitzplätze und grüne Kuppeln. Pflanzen und Arbeiten mit lebendem Material, aus dem sich viele schöne, nützliche Dinge herstellen lassen. 2001, 60 S. m.v.farb. Abb., geb. 12,95 €

Annelore und Susanne Bruns

Biogarten Handbuch

Anleitung zum naturgemäßen Gärtnern in Bildern. Hier wird das notwendige Wissen vermittelt, um erfolgreich den Boden zu bestellen und reichhaltig gesundes Obst und Gemüse zu ernten. 141 S. m.vielen Abb., 17x24 cm, 2004 13,90 €

Alexander Heil

Der Paradiesgarten

Essbare Stauden von A bis Z für den kombinierten Zier- und Nutzgarten. In Text und Bild werden Anbau, Ernte und Verarbeitung von über 140 essbaren Stauden beschrieben. 2003, 141 S. m.v. farb. Abb., 17 x 24 cm 14,95 €